Kerstin Preiwuß

Heute ist mitten in der Nacht

Kerstin Preiwuß

Heute ist mitten in der Nacht

BERLIN VERLAG

Mehr über unsere Autorinnen, Autoren und Bücher:
www.berlinverlag.de

Von Kerstin Preiwuß liegen im Berlin Verlag vor:
Restwärme
Gespür für Licht
Nach Onkalo
Taupunkt

Unser Versprechen für mehr Nachhaltigkeit
Klimaneutrales Produkt
FSC®-zertifiziertes Papier
Hergestellt in Deutschland

FSC
www.fsc.org
MIX
Papier aus verantwortungsvollen Quellen
FSC® C014496

ISBN 978-3-8270-1465-8

Satz: psb, Berlin
Gesetzt aus der Utopia
Druck und Bindung: GGP Media GmbH, Pößneck
Printed in Germany

Von vorn betrachtet erscheint es beliebig.
Immer ist der Anfang notgedrungen, und ist
er einmal gesetzt, wirkt er bereits überholt.
Aber die Enden lösen einander nur ab,
und so gesehen ist jedes Ende der Abbruch
von etwas, das einmal seinen Anfang
genommen hat.
Etwas anderes rückt in der Aufmerksamkeit
nach vorn.
Jedes Kind unterbricht den Gedankengang
seiner Mutter.
Mein Anlass, das hier auszubreiten, ist
längst vorbei.
Ich habe das alles schon so oft gedacht,
was fehlt, ist die Erinnerung.

Beinahe hätte uns der Bus erwischt, hättest du die Panik in meiner Stimme nicht gehört, aber du hast die Panik in meiner Stimme gehört; beinahe hätten wir den Bus nicht bemerkt, als wir mit Skates über den für den Autoverkehr erstmals gesperrten Ring liefen. Aber die Öffentlichen fuhren weiterhin, und die Ampeln blieben im Takt, nur wir waren nicht in der Frequenz, wir waren zu langsam dafür, und ich sah aus den Augenwinkeln, wie der Bus kam, und schrie nach dir. Meine Stimme muss ein anderes Timbre gehabt haben, was wäre, wenn du jetzt weiterliefst, du warst ein paar Meter vor mir. Das verdoppelt die Wahrnehmung, in diesem Moment sah ich uns zu und lief etwas vor mir ab, an dem ich nicht mehr ganz beteiligt war. Das bleibt auch in der Erinnerung so, selbst nachdem es gut gegangen ist, bleibe ich Zuschauer.

Du hast mich gehört und eine scharfe Kurve nach rechts eingeschlagen. Wir kamen zum Stehen und warteten gerade so den Bus ab, der viel zu dicht an uns vorbeischoss. Beinahe wäre es kein Warten mehr gewesen.

Wie viele Beinahe-Unfälle kann es in einem Leben geben? Wie viel ist gerade noch mal gut gegangen, was bedeutet *gerade* im Vergleich zu *beinahe*? *Bei* und *nahe* wirken wie verklumpt, hängen aneinander fest, sind unauflösbar und unaufhörlich miteinander verbunden. Der Raum wird gerichtet, etwas rückt sehr dicht an uns heran, aber es geschieht uns nichts, immer kommen wir *gerade so* davon. Dagegen der Unfall, der nicht gestoppt werden kann, sondern eintritt, und sich vor unseren Augen abspielt. Dann ist es nicht mehr die Situation, vor der man immer warnt. Die wenigsten Unfälle bekommt man zu Gesicht, meist sieht man nur, was sich ereignet hat, oder erhält Nachricht davon.

Habe ich je erzählt von dem Vorfall in der Provence, als ich mich einmal zum Trampen entschloss, weil das letzte Stück zwischen Orange und dem Ferienhaus, in dem ich erwartet wurde, nicht mehr mit den öffentlichen Verkehrsmitteln erreichbar war; habe ich erzählt, wie ich in Orange aus dem Bus stieg und anfing, die Straße entlangzuwandern, eine junge Frau mit Rucksack; habe ich je erzählt, wie das Auto hielt und mich ein älterer Mann zum Einsteigen einlud, ohne mich nach meinem Weg gefragt zu haben, wie er also nur anhielt, um mir zu sagen, *steig ein, ich nehm dich mit,* und ich mir nichts dachte, nur dass der Rucksack schwer war und der Weg nicht ganz klar; habe ich das je erzählt, wie ich vorn neben ihm einstieg und ihm sagte, wo ich hinwollte, und es nicht lange brauchte, wahrscheinlich nur Minuten, bis ich bemerkte, dass ich plötzlich wusste, wo es nicht langging, denn ich musste die Frage stellen, die unvermeidbar wurde: *Wohin fahren wir?* Habe ich das schon erzählt, wie er darauf nicht antwortete und mich zwang, meine Frage zu wiederholen, lauter im Ton, denn um die Panik zu unterdrücken, gab ich mir eine laute Stimme, und er mir dann ausweichend antwortete, dass wir in den Wald fahren würden, woraufhin ich weiter fragte, *wofür,* als wäre das nicht klar, dieser Dialog, der zu etwas führt, was man vermeiden möchte, was so nicht eintreten soll, es gibt Wortgruppen für diesen wahr gewordenen Albtraum. Aber er antwortete nur, ich solle dort nachsehen, ob noch alles natürlich wäre, ob noch alles funktionierte an ihm, und das habe ich sicher nicht erzählt, aber ich weiß es bis heute, wie ich ab dann alles überdeutlich sah und dachte und in dieser Situation die zwei Möglichkeiten abglich, es mitzumachen und zu ertragen, oder die Tür bei laufender Fahrt zu öffnen und mich rauszuwerfen. Ich wurde kühl im Innern, ich war ganz bei mir und handlungsfähig, ich würde handeln, wusste ich in diesem Moment, nur noch nicht, wie. Man könnte sich abrollen, auch war das Auto zu alt für eine automatische Verriegelung, das Auto war so alt wie der Mann, der mich nicht überwältigen würde, eher dass ich ihm irgendwohin trat und entkam, also, und das würde ich immer so wiedergeben, schrie ich, ich brüllte ihn an, in exaktem Französisch, noch nie ging mir das so flüssig über die Lippen, das schwöre ich, dass ich absolut nicht interessiert sei und er mich sofort rauslassen solle, ich schrie, und es bewirkte, dass er anhielt, da waren wir schon von der Straße abgebogen und auf einem schmaleren Weg am Rande des Wäldchens. Er hielt an, und sofort öffnete ich die Tür und, daran erinnere ich mich übergenau, das muss ich jetzt mal sagen, stieg aus und öffnete noch die Hintertür, um meine Sachen rauszuholen, denn wenn ich hier entkam, dann vollständig, und vielleicht war es genau diese kleine Geste in ihrer Selbstverständlichkeit, man nimmt alles von sich mit, die verantwortlich dafür war, dass er mir nicht nachstellte, wie man altmodisch sagt, ich nahm also auch mich wieder mit, würdigte ihn dabei keines Blickes, wie man so sagt, ich weiß also auch nicht mehr, wie er aussah, nur dass er alt war, vielleicht sechzig, und offensichtlich bei Gegenwehr die Lust verlor. Ich konzentrierte mich nur auf mich und entkam, ich schlug die Tür zu und er muss abgefahren sein, wie, weiß ich nicht, ab hier wird die Erinnerung undeutlich, sie wird sowieso eher von der Selbstbeobachtung dominiert, als wäre ich mein Kommentar, um zu beweisen, dass mir nichts geschehen war in einer Situation, die darauf angelegt war. Ich weiß noch, ich hatte mir sämtliche Wege und Abzweigungen eingeprägt und vollzog sie ab dem Moment, wo ich allein war, rückwärts wieder nach, so fand ich von den Nebenwegen wieder auf die Landstraße zurück und setzte meinen Weg einfach fort, und was soll ich sagen, das nächste Auto hielt an, es war ein jüngerer Mann, und er sprach so wie ich Französisch mit Akzent. Er sagte, los steig ein, ich nehm dich mit, und ich blieb stehen und sagte sehr laut und entschieden *Nein, und wissen Sie, warum,* holte ich aus und erzählte ihm alles, was mir eben widerfahren war. Er hörte es sich an und sagte nur, *bist du blöd, ich mach so was nicht, ich hab Kinder,* und das überzeugte mich, also stieg ich ein. Er fragte, wohin, ich nannte die Adresse, er drehte um und fuhr zurück ins Dorf bis zur Kneipe, dort gingen wir hinein, und er sprach mit dem Wirt, während ich wartete, bis auch der Wirt mit rauskam, in sein Auto stieg und wir ihm folgten und ich am Ende mit zwei Autos, quasi eskortiert, ankam. Weit war es nicht, vielleicht zehn Minuten, bis wir beim Ferienhaus waren, wo ich erwartet wurde, man freute sich außerordentlich, wunderte sich nur, warum ich so bleich war, fragte aber nicht nach, denn mein Vater war kurz zuvor gestorben.

So habe ich das noch nie erzählt, sondern immer nur abgekürzt und zusammengefasst, was geschehen kann, womit ich hätte rechnen müssen. Die klassische Situation, die man nicht wahrhaben möchte, aber die dann folgt, das glückliche Entrinnen, die wundersame Begebenheit danach, was wäre das, würde ich es erzählen, was würde daraus, wenn nicht eine unglaubwürdige Geschichte. Ich habe das also noch nie erzählt, schloss ich meine Erzählung gegenüber meiner Freundin ab, als wir in Orange den Kreisverkehr passierten, den ich wiedererkannte, weil ich damals hier mit dem Bus vorbeigekommen war, es war im Prinzip vorhersehbar gewesen.

Warum war mir das nur nicht klar, was ist die Zeit nur für eine Verzögerin, die immer für diese bestimmten Momente ihr Band abspielt, als würde man ständig auf der Owl Creek Bridge stehen, die ganze kurze Zeitspanne lang wird die Zeit mit Hoffnung überdehnt, aber Hoffnung findet nicht statt, Hoffnung ist nur der Wunsch, der nicht eintreten kann. Und was heißt dann *plötzlich* und *unerwartet, aus heiterem Himmel*? War der Himmel heiter? Die New Yorker sagten, nach 9/11 ja, kaum zu ertragen, was für ein schöner blauer schneidend klarer Himmel das war, der den ganzen Herbst füllte, sie hätten sich Regen gewünscht und bekamen blauen Himmel bis Weihnachten, es war alles surreal.

Kann es sein, dass wir nicht nur an die Situationen gebunden sind, die sich ereignet haben, sondern auch an die, die sich hätten ereignen können? Was geschieht im Gegensatz dazu mit den Situationen, die sich ereignet haben, sind wir in ihnen enthalten, bleiben wir zurück? Wie kann es sein, dass man mit der Zeit geht, ohne dass die Zeit sich in einem vollzieht? Entgegen allen Befürchtungen schreibe ich aus der Vergangenheit, obwohl ich erst seit Kurzem wieder fähig bin, sie zu empfinden. Die Zeitspanne zwischen der Gegenwart des letzten Jahres und ihrer Vergangenheit ist bislang nur ein schmaler Spalt, eine gerade sich öffnende Tür. Ich bin noch frisch im Nicht-mehr-hier, zwar hat die Gegenwart mich nicht mehr ganz, aber sie sitzt mir immer noch im Genick, diese endlose Starre löst sich nur langsam auf. Aber der Reihe nach.

Ich schreibe aus einer Erfahrung heraus, die mich erstaunt. Sie lässt sich schnell in Worte fassen. Die Katastrophe erschreckt mich nicht. Was bedeutet das? Das muss bedeuten, ich bin abgehärtet. Das kann bedeuten, dass ich mich so weit zurückgezogen habe, dass mir nicht mehr viel etwas kann, und darum geht mich auch nicht mehr viel etwas an. Eine merkwürdige Deckungsgleichheit bestimmt die Tage, ich lebe, denke, schlafe mit ruhiger Hand und ordne meine Angelegenheiten. Ich scheine nichts mehr zu erwarten, denn keine Erwartung fühlt sich enttäuscht. Ich werde nicht ungeduldig, denn ich habe es schon vorher aufgegeben, Wünsche zu hegen. Jeden Tag erfüllt sich etwas Neues nicht, wird uns wieder etwas genommen, nur mir nicht, ich habe es vorher schon unterlassen, mich an etwas zu binden. Als hätte ich schiffbrüchig gelernt, von meinen Ausscheidungen zu leben, und triebe jetzt als Perpetuum mobile in einem Ozean voller Schiffbrüchiger. Das Schlimme ist nur, es fühlt sich nach nichts an. Und das viel Schlimmere ist, das Leben vorher fühlte sich auch nach nichts an.

Nicht mal mehr vor der Angst erschrecke ich, sondern betrachte interessiert, wie sie die Situationen dominiert, in denen sie aufkommt. Als würde ich zuschauen, wie ich mich verhalte. Es ist ein andauerndes Handeln, das keine vereinzelten Tatsachen kennt, als hätte man längst diesen endlosen Tag des Jüngsten Gerichts erreicht, als stromere man durch die Apokalypse und könne sie sogar bewerten. Die ganze Zeit ist eine Katastrophe und so in nichts auffällig oder unterscheidbar von den anderen Zeiten, in denen man das Paradies verorten könnte.

Wie kam es zu diesem Zustand, dass die Katastrophe auf mich nicht wirkt? In dem Moment, wo sich eigenes

Unglück und allgemeine Katastrophe decken, ist das Unglück auf paradoxe Art nicht mehr privat, sondern wird mitteilbar, denn an der Katastrophe leiden alle. Kann sein, ich habe Kenntnisse erlangt, und es bietet sich gerade an, sie preiszugeben. Wer weiß, wozu das gut ist.

Ich hatte nie vor, über mich zu schreiben oder die Liste meines Unglücks, die ich in Gedanken zu jeder Tag- und Nachtzeit herunterbeten kann, der Welt zu offenbaren. Das Persönliche bleibt besser privat. Als wäre jede Erinnerung eine Zurschaustellung. Besser, man lässt es gar nicht erst dazu kommen. Aber auf merkwürdige Art und Weise ist das jetzt hinfällig geworden. Es hat lange gedauert, bis ich dahin kam, nichts mehr zu erwarten. Aber jetzt fahren wir alle auf Sichtweite, und es zeigt sich vieles, was sonst im Verborgenen gehalten wird. Zum ersten Mal habe ich das Gefühl, über etwas, das mich betrifft, so sprechen zu können, als ginge es alle etwas an. Weil ich schon lange in der Welt lebe, in die jetzt alle geraten sind. Ich bin ruhig in diesem Ausnahmezustand, mir ist alles, was ich fühle, bekannt. Ich bin beisammen.

Das muss bedeuten, meine Grenzen sind schon seit Langem verschoben, und immer, wenn sich etwas Beunruhigendes ereignet, erlebe ich es in den Ausmaßen einer Katastrophe. Die Spannung, in die ich dann gerate, ist stets die eines Menschen, der überleben will. Immer im Alarmzustand, alle Neuronen feuern, und das Gehirn zieht blank. Und nun fügt sich diese Spannung erstmals in den öffentlichen Rahmen ein, sie unterscheidet sich nicht mehr von der anderer und erlaubt mir, auf paradoxe Art zur Ruhe zu kommen. Die Katastrophe erlaubt mir, mich in ihren Grenzen einzuordnen. Was ich immer schon gefühlt habe, gilt jetzt für alle und überall gleich, das hebt mich aus der Isolation. Mein Mangel ist keiner mehr. Es hilft, wenig zu erwarten und aus dem Nichts zu leben. Was ich bis eben schmerzlich vermisste, kommt mir jetzt zugute. Meine Grenzen waren weit verschoben, jetzt können sie nicht weit genug sein für das, was die Gegenwart für uns bereithält. Ich fürchte, ich muss das erklären. Aber der Reihe nach.

Angst zum Beispiel. Damit fängt es an.
Die Angst kommt beim Autofahren.
Die Angst kommt mit den Kindern.
Die Angst kommt von der Krankheit.
Die Angst kommt von der Diagnose.
Die Angst kommt von meinem Cousin.
Die Angst kommt von meinem Stiefvater.
Die Angst kommt von meinem Vater.
Die Angst kommt von meiner Mutter.
Die Angst kommt von meiner Geburt.
Die Angst kommt von allein.

Das denke ich nicht mal, das ist so. Diese Liste, die ich abspulen kann, heißt Angst. Die Angst kommt von ganz allein. Eigentlich müsste es heißen, sie kommt allein, denn wenn sie auftritt, beherrscht sie die Szenerie. Sie steckt schon in der Erwartung. Wir sehen das Unglück kommen und fürchten uns davor, aber ist es erst einmal da, werden wir wieder handlungsfähig. Demnach ist Angst immer schon vorher da, aber auch nur dort mächtig.

Die Angst kommt beim Autofahren. In der Erwartung, einen Unfall zu bauen oder an einem beteiligt zu sein. In unnatürlicher Position zu liegen oder jemanden dorthin gestoßen zu haben, dass er reglos und verkrümmt auf dem Asphalt liegt oder halb unter dem Wagen. So habe ich es jedenfalls mal in Marseille gesehen. Oft habe ich davon geträumt, dass ich fahre und nicht mehr weiß, wie ich bremse. Oder dass die Bremse nicht mehr funktioniert. Also vermeide ich es, selbst zu fahren, und denke verzweifelt: Aber das kriegen doch alle hin. Schreie deswegen im Straßenverkehr die Kinder an, denn sie sind mein erweiterter Umriss.

Die Angst kommt also mit den Kindern. Vielleicht liegt es daran, dass ich das erste Kind verloren habe. Es ist ein Riss, der sich plötzlich auftut, wenn man dem Ultraschallbild folgt und die Ärztin erst freundlich *Dann wollen wir mal sehen* sagt, und dann länger braucht und nichts mehr sagt und man sich noch nichts denkt dabei, denn ich hatte diese Erfahrung noch nicht gemacht, aber dann hält sie inne und formuliert Sätze. Es tue ihr leid, aber es sei kein Herzschlag mehr da. Die Sprachlosigkeit vor dem Ultraschallbild wiederholt sich noch ein paarmal, und immer sieht mein Kind vollkommen aus, ist alles da, *schon so groß*, sagt eine andere Ärztin. Die nächste sagt, *Sie wollen doch auch nicht hier sein*, bevor die Anästhesie wirkt und mir meine Antwort abreißt. Man träumt nicht, hat man mir gesagt, aber das stimmt nicht, denn im Traum bin ich am Meer langgegangen, es war ein schöner Tag ohne Wind und alles vollkommen blau und klar. Das erzählte ich beim Aufwachen sofort, weil es schön gewesen war. Danach erst begannen die Vorwürfe, die ich gegen mich selbst richtete, weil es meinem Gefühl entsprach. Was, wenn das jetzt immer so war? Was für eine Zukunft deutete sich da an? Jahrelang hatte ich dafür gesorgt, Leben zu verhindern, nun wusste ich nicht, ob ich in der Lage war, es auf die Welt zu bringen. Die Fragen verhielten sich zentrifugal und brachten mich ins Schleudern. Es setzte mit diffusen Kopfschmerzen ein, die ins MRT führten und ergaben, dass meine Schläfenstellen überdeutlich akzentuiert waren. Irgendwie vorhersehbar, dachte ich und löste diesen Knoten anders. Ich fuhr in den Wald, nahm einen Stock und schlug wie wild auf Bäume ein, es half. Andere lassen Wassermelonen platzen oder verbrennen ihre Manuskripte in der Badewanne, so ist das dann. Ich habe danach zwei Kinder gut auf die Welt gebracht, auch wenn mir während der Schwangerschaften immer die Angst im Nacken saß, ich Frühwehen hatte oder monatelang liegen musste. Es reicht, hatte ich mir damals beim Frühstück im Café gesagt, als ich wieder hemmungslos Rohmilchkäse und Wurst verschlang und damit irgendwie auch mein Kind aufaß. Dass sich immer etwas ereignet, was die Freude nimmt, und es keine Wende zum Guten gibt, ist Blödsinn.

Die Angst kam wohl von meinem Cousin, der keine dreiunddreißig geworden ist und, kurz bevor ich schwanger wurde, an dem Tumor starb, den Wolfgang Herrndorf publik machte, bevor er sich ihm entzog. Daher wusste ich, noch während es Herrndorf geschah, wie es bei meinem Cousin zu Ende gegangen war, nämlich chancenlos. Ich wusste vorher schon, wie es zu Ende gehen würde, ich trug die Zukunft als Vorwissen mit, und sie fühlte sich grässlich an. Natürlich gab es Operationen und Chemo und all das, was den Körper zu Veränderungen einlud. Immerhin wurde er vom besten Gehirnchirurgen Hamburgs operiert, sodass er danach weiterhin beisammen und ihm kein einziges Hirnareal verloren gegangen war. Sogar etwas dazubekommen hatte er, etwas, das nur er sehen konnte, ein Mädchen, das im Krankenzimmer immer den Boden wischte, und eine alte Frau, die nicht von der Toilette kam, aber was kann man schon tun, wenn der Tumor nachwächst und sich wie ein Myzel mit dem Stammhirn verbindet und von dort aus als böses Zentrum seine Bilder sendet. *Ich verrecke*, röchelte mein Cousin, als ich ihn im Hospiz besuchte und die Ärzte ihm den Kiefer wieder einrenkten, *der Tod ist so ein Arschloch*. Danach haben wir noch, sooft es ging, telefoniert, obwohl es von seiner Seite nur noch Schlucken war, während ich vielmehr mit seinem Mann sprach und beiden sagte, dass wir jetzt eine Bande seien, denn dass er weiterhin alles hören konnte, war ganz klar. Er wollte einen blauen Sarg mit goldenen Streifen, er hat alles bekommen, was er für sein Ende brauchte, sogar eine Hose riss auf seiner Beerdigung. Nur ging er nicht friedlich, und für uns Hinterbliebene ist die Gewalt, mit der das Ende seinen Lauf nahm, für immer.

Die Angst kam ganz plötzlich von meinem Stiefvater. Sie sprang mich an dem Tag an, als meine Mutter mich anrief und bat, so schnell wie möglich nach Berlin zu kommen. Sie ließ mich zu Boden gehen, bevor ich in die S-Bahn stieg. Bevor ich in den ICE stieg. Bevor ich in Berlin ausstieg. Bevor ich ins Taxi stieg und zur Charité fuhr. Bevor ich ausstieg und ins nächste Taxi stieg, weil es doch das Virchow war. Bevor ich aus dem Taxi stieg und schlafwandlerisch sicher bis zur entsprechenden Station ging. Bevor ich vor der Tür zur Intensivstation stand und sie vor mir zurückwich. Bevor ich durch die Flure glitt wie durch Wasser. Bevor ich ankam, und da lag er dann. Er war mit dem Fahrrad abends unterwegs gewesen, als ihn beim Überqueren einer Straße ein Auto auf die Motorhaube nahm und meterweit durch die Luft schleuderte, bis er mit dem Kopf auf den Asphalt schlug. Seinem Rad sah man die Wucht des Aufpralls an, der Rahmen war verbogen, ebenso waren die Frontscheibe des Wagens zersplittert und die Dachvorderkante eingedellt.

Normalerweise lässt man einen doch nicht so ohne Weiteres auf die Intensivstation, denke ich, als ich vor der Tür stehe und klingle, aber man lässt mich sofort dorthin, wo meine Mutter schon ist. Man lässt uns dort sein, so, wie wir sind, und wir entscheiden auch, wann wir gehen, obwohl noch einige mehr dort liegen. Als gehörte man dazu. Als arbeitete man mit. Sofort hatten wir das EKG geortet und verfolgten es mit unseren Blicken. Bei jeder Veränderung griff meine Mutter nach seiner Hand und stand dabei auf. Man sah ihm nichts an, er war gesäubert worden. Nur die

Schläuche, an denen er hing, verrieten, dass sein regelmäßiger Atem künstlich war. Wir saßen drei Tage dort, wir gingen abends und kamen morgens, es gab einen Rückweg und einen Hinweg, fast schon Routine. Das Gefühl, in die Klinik nicht nur zu fahren, sondern dort zu sein, jeden Tag, als würde man arbeiten, unterteilt in Vormittag und Nachmittag, nur nachts kehrten wir in die Wohnung zurück, um zu schlafen. Um am nächsten Tag aufzustehen und wieder hinzugehen, um dort zu sitzen und schon mal zu planen, was ab jetzt geregelt werden muss. Was danach kam.

Dann fuhr meine Mutter wieder nach Hause, da mein Bruder noch ein Kind war. Als ich zur Station zurückkehrte, sagte man mir, dass mein Stiefvater plötzlich verlegt worden war, und wie ein zurückgelassenes Haustier folgte ich seiner Spur zur nächsten Station, auf der scheinbar alles wie gehabt seinen Lauf nahm, bis die Ärzte sich plötzlich um ihn versammelten und mit der Lampe seine Pupillen überprüften. Sie behandelten mich freundlich, aber gleichgültig, sie hatten zu tun, das war der Moment, der mich spüren ließ, dass es an der Zeit war, zu gehen. Die Ärzte arbeiteten mit ruhiger Hand. Ich lief irgendwie durch Berlin, bis ich bei einer Freundin unterkam.

Noch im Krankenhaus löschte ich meine SMS aus seinem Diensthandy, bevor es an die Firma zurückging. Seine Antworten auf meine Nachrichten waren doppelt gespeichert, auf seinem Telefon und auf meinem. Ich las, was ich schon einmal gelesen hatte, Eingang und Ausgang. Im Ausgang stand, was vor einem Jahr bei mir eingegangen war: *Ein Gruß aus dem Urlaub, wir stehen auf der Spitze des Gipfels … Wie waren die Prüfungen, du schaffst das … Wunderbar, vergiss nicht, die Pflanzen zu gießen, Grüße von uns allen.*

Es dauerte ein paar Wochen, bis der Hirntod festgestellt war und wir seine Organe zur Spende freigaben. Ich las im Internet die Empfehlungen beider Kirchen durch, etwas anderes konnte uns auf die Schnelle keine Klarheit verschaffen, und selbst das war schon nach der Entscheidung, die wir gleich nach unserer ersten Ankunft im Gespräch mit dem Arzt zu fällen hatten und von der wir nicht wussten, ob es auch seine war. Es war unsere, für ihn, aber auch für uns, denn der Hirntod war uns nach wie vor unklar, bedeutete er doch, dass wir auf etwas warteten, das bereits eingetreten war. Das war ein Riss in der Raumzeit, ein Spalt, der uns für die Dauer einiger Wochen gefangen hielt und machte, dass ich nichts mehr fixieren konnte in Echtzeit, ich saß in einer anderen Schleife fest und musste abwarten. Er war ein guter Spender, das erfuhren wir unter anderem aus einem Brief aus Bayern, in dem uns eine Mutter mitteilte, dass sie uns künftig in ihre Gebete aufnehmen werde, nachdem ihrem Sohn sein Herz transplantiert worden war. Der Brief erreichte uns über Umwege und anonym, seitdem aber fühlte ich mich etwas beschützt. Vor Jahren hätte ich dem Bayerischen Rundfunk davon erzählen können, aber ich wollte nicht darüber sprechen, obwohl es gut nach Bayern gepasst hätte, eine schöne Verbindung zwischen den beiden Bundesländern mit dem meisten Tourismus. Die Wahrheit ist, dass ich bis heute panisch werde, wenn ich das Wort *Unfall* höre, weil ich weiß, welcher Kreislauf sich hier schließt, den ich sofort empfinden muss. Die Empfindung schnellt vor das Denken, eine Art *short cut*, immer begleitet von erhöhtem Herzschlag und Puls. Ich habe zwei Wochen nach seinem Tod das Radfahren wieder aufgenommen, ich habe seitdem Erste Hilfe bei mehreren Fahrradunfällen geleistet, schreibe meine Zeugenaussage immer sofort auf, damit sie frisch bleibt, und fahre vorsichtiger als andere. Womöglich bin ich überaufmerksam. Wahrscheinlich gehemmt. Aber wenn ich den Polizeiticker lese und beim nächsten Ghost-Bike auf der Straße mein Blick ins Leere geht, weil das Soma übernimmt, ist alles wieder da, ich weiß, was noch kommt, was ab dann gerade erst beginnt und nie wieder aufhört: Als mein Stiefvater tödlich verunglückte, rief meine Mutter mich auf dem Handy an. Das war der Anruf, vor dem man sich immer fürchtet, und er klang so, wie man es immer erwartet. Vielleicht verhielten wir uns auch nur so, ich ging jedenfalls passend zu ihrer Fassungslosigkeit, die man nicht beschreiben kann, die man gehört haben muss, zu Boden. Dann fuhr ich, so, wie ich war, zum Bahnhof und stieg in den Zug. In Berlin stieg ich aus dem Zug und rief vor dem Hauptbahnhof ein Taxi zur Charité. Die Fahrerin war irritiert und brachte mich zum Hochhaus. Das hätte ich auch zu Fuß erreichen können. Ich stieg aus und rief wieder ein Taxi, diesmal zum Virchow. Der Fahrer sprach mich nicht an, denn ich weinte irgendwie lautlos vor mich hin. An der Kreuzung stellte er das Taxameter aus. Er ließ mich schweigend raus. Ich ging zur Intensivstation, klopfte und trat ein. Ich trug eine beigefarbene Strickjacke mit Zopfmuster von H&M und meine Brille. Niemand hielt mich zurück oder fragte nach. Meine Mutter war schon da.

Ist es das, was gewesen ist? Nicht, wenn ich mich nicht erinnere, sondern nur immer wieder daran denke. Denn ich habe anstelle von Befürchtungen das Wissen, dass etwas tatsächlich eintritt, dass aus einer Befürchtung durchaus ein Unglück wird. Doch sofort zerfällt mir das Erlebte wieder in der Erinnerung, wie es immer schon am Zerfallen ist. Bevor etwas eintritt, ist es kaum vorstellbar, danach schon nicht mehr. Ein Riss in der Zeit, eine Lücke, ein Spalt, den man immer nur überbrückt. Diese Lücke macht das Unglück undeutlich, kaum wahrnehmbar. In der Vorstellung reicht man nicht ran, und erfüllt es sich, wird es gleich zur Nachricht. Schon ist der Moment wie nie gewesen, wir hören nur vom Ereignis und nehmen es als Folge wahr, aber es in eins zu denken, gelingt nicht: der Aufprall der Abprall der Flug der Sturz und so weiter, das geht nicht. Erzählen lässt sich das erst recht nicht.

Die Angst kommt also von der Erwartung. Was geschehen könnte, geschieht auch mal. Sie ist diffus, aber sie lähmt. Etwas Energie geht jeden Tag unwillkürlich auf sie über, als stellte ich ihr jeden Morgen eine Schüssel mit Gefühlen hin, so wie in Indien den Schlangen. Oder Tomte dem Fuchs mit der Bitte: Lass die Hühner in Ruhe. Ich gebe dir jeden Tag etwas von meiner Energie, aber lass mein Leben in Ruhe, bitte ich den Krebs, der meinen Vater auf dem Gewissen hat. Es ist ein fragiler Pakt, seit ich denken kann, schwebt seine Krankheit über mir. Sie lässt mich argwöhnisch meinen Körper entlang der Haut vermessen, so gar nicht zärtlich, eher wie ein Satellitenbild vom Mond. Manchmal muss etwas weg, und dann hat es mich wieder ein Stück eingeholt. Mein Körper ist zu einer Landkarte geworden. Das klingt abgedroschen, aber so ist es, regelmäßig werde ich vermessen entlang auftauchender Flecken und der Richtung, in die sie sich entwickeln. Dieser hier hat sich für die gute Richtung entschieden. Auch eine Art Schiffe versenken.

Ich robbe mich an ihn heran, ich komme Jahr für Jahr dem Zeitpunkt näher, an dem der Krebs sich bei meinem Vater zum ersten Mal zeigte und dann auszubreiten begann, und ich kann die Jahre überblicken bis zu dem Punkt, an dem er daran starb, es ist mittlerweile von mir aus nicht mehr so lang. Immer deutlicher wird dieses Zwillingsparadoxon, dass mein toter Vater mein Zeitempfinden bestimmt, denn immer näher rücke ich ihm und frage mich, ab wann ich übernehme oder ob ich ihn überleben darf. Das hängt über mir wie ein Damoklesschwert, und wie soll man leben mit dem Gefühl im Nacken, dass da schon immer etwas ist, das das Lebensgefühl untergräbt. Erst wenn ich älter geworden bin als er, fängt mein eigenes Leben an. Die Angst kommt also von meinem Vater.

Ich erfuhr von seinem Tod in einer Telefonzelle in Aix-en-Provence, das für ein Jahr zu meinem Aufenthaltsort geworden war. Seine Schwester bat mich um einen Anruf. Es war an einer Kreuzung auf halbem Weg zwischen Stadtzentrum und Wohnheim. Ich warf Geld ein, wählte ihre Nummer und hörte mir alles an. Dann legten wir auf, weil das Gespräch sonst sowieso unterbrochen worden wäre.

Ich hätte ihn gern beerdigt. Wenigstens anwesend hätte ich sein wollen auf seiner Beerdigung. Man hatte es mir zu spät gesagt, das gab mir das Gefühl, auf mich käme es nicht an. Vorher hatten wir hin und wieder telefoniert, mein Vater und ich, und uns einmal getroffen, als er auf Dienstreise durch Leipzig kam. Er sah mich zu lange an für ein gewöhnliches Gespräch, er sah mich an, als wolle er sich einprägen, was er von mir zu sehen bekam. Vielleicht zum ersten Mal auch von sich. Das Telefonat danach war dann nüchterner, ich rief ihn an, als ich von der Rückkehr des Krebses erfuhr, er überging es beiläufig. Zum ersten Mal sprachen wir über etwas, das ihn betraf. Vorher lief es nicht so gut, denn ich forderte zu Anfang meines Studiums Unterhalt, und er fragte, ob ich ihn ruinieren wollte. Ich verwies auf die BAföG-Sätze, sie übersetzten doch nur, dass ich da und von ihm war. Dazwischen Briefe, und nur am Anfang, noch vor meiner Geburt, sein Gedanke, die Vaterschaft anzuzweifeln, das war ein Zahn, den meine Mutter ihm sofort zog. In einem späteren Schreiben dann auch mal die Bitte um ein Foto. Zu Geburtstagen Bücher, die ich nie las, obwohl ich sonst alles las, meistens Terra-X-Bände. Ein paar Urlaube direkt nach der Wende, in denen ich ihn mied, obwohl unser Zusammensein der Wunsch meiner Mutter war, und die Nächte, in denen ich meine Mutter weinen hörte. Weder Nähe noch Enttäuschung. Kein Wissen um ihn, nur über ihn aus zweiter Hand. Meine Handschrift gleicht der seinen. Wir wären nicht zu unterscheiden daran.

Die Angst kommt vom Wort *Krebs*, sie riecht mich heraus, ich habe Angst, und ich sehe sie in jedem Wort, das ich benutze, drehe und wende, bevor ich es aus den Händen gebe. Ich bin zurückhaltend geworden, behutsam kann man es kaum nennen, es ist die nackte Angst davor, zu verlieren. Mit jedem Wort, das man ausspricht, gibt man etwas aus der Hand, hat sie mich ein Stück mehr in der Hand. *The art of losing isn't hard to master*, flüstert sie mir dabei verschwörerisch zu, als würde sie mir zuzwinkern. Aber wir wissen um die Kaskade an Verlusten, die dieser ausgestellten Heiterkeit vorausgeht. So ist der Krebs immer schon aufgebläht, aufgedunsen von all den schillernden Schattierungen eines Pilzmyzels, eine Art Schimmel, der das Wort in seinem Umfang um ein Vielfaches erhöht und ihm noch die Krone aufsetzt. Immer das, was dich einmal sicher erwischt, was gar nicht auf dich warten muss, was dich erwartet, worauf du zusteuerst einfach durch die Tatsache, dass du lebst und dadurch Zeit vergeht. Worauf du dich zubewegst, ein Zeitkorridor, an dessen Ende das steht, was dir in Gedanken das Ende vorwegnimmt, als hätte er dich schon längst im Griff, dabei muss er ja gar nicht in Erscheinung treten. Deswegen redest du nicht gern über dich, ziehst dich mehr und mehr zurück, du willst ihn das Feld nicht betreten lassen, aber du schreibst ja, du wählst dir die Worte schriftlich in der aberwitzigen Hoffnung, sie würden ihm auf dem Papier entzogen, denn du sprichst sie nicht aus, ich spreche nie beim Schreiben, bin ein immenses stilles Feld, ein tiefes Wasser mit dünner Haut, die ständig friert. Die Zeit, etwas zu erleben, dünnt sich aus, wird ältlich, ist umflort, gelbstichig, denn in Zukunft hat es dich schon im Griff. Ein Magnetberg, von dem du angezogen wirst, und mein Dasein ist von vornherein, als wäre es gewesen, im Nachhinein wäre es schön gewesen. Zeit öffnet ihren Schlund, formt Trichter, saugt dich an, und was dort sitzt, erwartet dich schon lange. Erinnere dich an die Szene aus *Pans Labyrinth*, in der das Monster erst erwacht, nachdem das Mädchen von den süßen Trauben nascht. Die Elfen warnen sie noch, aber sie scheucht sie weg wie Mücken, und währenddessen fängt das Monster an, sich zu regen. So lässt sich meine Erwartung ermessen, was sich nicht erfüllt, bestätigt mich, gut geht es schief. Ist dagegen Gefahr im Anmarsch, kenne ich mich aus, das entspricht meiner Erfahrung, das setze ich voraus. Ich kann genau benennen, ab wann Vergangenheit ins Spiel kommen wird, ab dem Punkt, an dem ich älter als mein Vater geworden bin. Vorher steuere ich auf seinen Tod zu, weil ich weiß, was er mir voraushat. So hat sich seine Krankheit doch zu einer Art Nabelschnur ausgewachsen, aber einer, die sich erst ab der Geburt um den Hals schlingt. Wenn uns sonst nichts verbindet, dann eben das.

Daher schreibe ich es auf, weil es sich dann anders darstellen lässt. Was ich nicht weiß, ist, wie viel Zeit mir dafür bleibt. In allem, was ich tue, und das ist nicht viel, ich lebe nicht mal schnell, eher in der gewohnheitsmäßigen Abfolge, spüre ich den Faden, von dem ich abhänge. Das ist nicht normal, diesen Faden spürt man eigentlich nicht, er ist nicht für einen bestimmt, um den kümmern sich von vornherein andere.

Aber ich könnte das auch alles los sein, es muss sich nicht erfüllen, es hat sich ja bereits erfüllt, reicht das denn nicht? Und wenn ich nur lange genug lebe, meinen Vater überlebe, überlebt sich auch die Angst. Ich überlebe auch die Angst und weiß dann nicht nur, wofür ich schreibe, sondern auch, wofür ich geschrieben habe. Zum ersten Mal erfahre ich dann das Gefühl von Vergangenheit und setzt so etwas wie Hoffnung ein, dass der Krebs an mir vorbeizieht, ein Gruß von meinem Vater, mehr nicht. Diese Hoffnung, es könnte gerade so an mir vorbeigehen wie ein Schneidemesser, macht mich fertig.

Ich habe das dann übers Träumen gelöst, etwas anderes war ja nicht mehr für uns da. Im Traum haben wir uns mal getroffen und die wesentlichen Dinge besprochen. Beim Aufwachen fühlte es sich gut an. Was soll man auch tun.

Ich überlege, seine Stasiakte anzufordern, da er damals überwacht worden war und mich interessiert, ob die Überwachung auch uns betraf, sein uneheliches Kind und die Mutter dazu. Aber ich weiß gar nicht, wo er überall gewohnt hat, ich weiß nur ungefähr, wo er liegt, um ihn auf dem Friedhof zu finden, müsste ich suchen gehen. Seine Wohnorte fehlen mir, sie erschienen bloß als Adresse auf Briefumschlägen. Er kam nur manchmal zu uns, als wären wir am Ende eines Trichters, wo die Stelle sich verengt, und er kam aus der Ferne dazu. So war wohl das Gefühl. Statt Fotos oder Briefen oder Erinnerungen also Verwaltungsschreiben, Sterbeurkunden, Rentenbescheide. Ab wann erlischt das?

Jedenfalls nicht beim Testament. Es bleibt eine Notwendigkeit, auch an die Kinder zu denken, die man nicht haben wollte, bevor man stirbt. Auch um etwas zu verhindern. Einmal verhindert zu werden, ist vertretbar. Wir kannten uns ja kaum, und mein Leben fand woanders statt. Zweimal verhindert zu werden, ist dagegen nur schwer vorstellbar, vor allem, wenn der Grund lediglich das eigene Dasein ist. Wie zwei Väter zu beerdigen, zu denen man nie ganz gehörte.

Ich bekam zwei Testamente mit dem gleichen Inhalt. Das letzte wurde mir geschickt, um mich noch einmal zu enterben. Da mein Vater als Sohn vorher schon gestorben war, rückte ich nach, und auch das sollte wohl vermieden werden. Dafür wurde ein bereits bestehendes Testament kurz nach seinem Tod noch einmal geändert, um eventuell vorhandene Nachkommen des bereits Verstorbenen von der Erbfolge auszuschließen. Ich könnte also auch vorher schon sterben, das machte auf mich den Eindruck einer Wette gegen mich und mein Dasein. Ein Testament ist in der Hinsicht nicht nur ein letzter, sondern auch ein klar formulierter Wille. Selbst wenn es mich nicht mehr gibt, will ich dich nicht. Der letzte Wille lässt sich nur noch lesen. Jedenfalls weiß ich jetzt, warum ich mich immer rechtfertige.

Es ist hart, auch sein Kind gewesen zu sein. Ein sehr nachträglicher Schmerz, denn die Ursache liegt lange zurück, liegt, wenn man so will, in meiner Geburt, aber entziehen kann man sich ihr nicht. Es ist ein unaufhörliches Gefühl, ungewollt zu sein und darum immer wieder vermieden zu werden. Als gehört man sich nicht selbst. Was für ein langer Zeitraum von der Geburt bis jetzt.

Stattdessen durfte ich mir etwas aussuchen. Nach seinem Tod nahm ich einige seiner Bücher mit, mit seinen Markierungen drin, ein ganzes Lexikon, in das ich bis heute nicht schaue. Dazu Porzellanteller und altes Silberbesteck. Einmal bekam ich eine Kette, die wurde mir geschenkt, als der Tod dort schon einmal zu Gast war, noch vor meinem Vater. Die Kette kam von meiner Urgroßmutter und war allein für mich bestimmt, sie soll sie haben. Genau diese Kette für genau dieses Kind. Das macht, dass ich sie bis heute trage.

All diesen Gedanken bin ich immer mit Verständnis begegnet, weil es das einzige Mittel war, mir das Gefühl vom Leib zu halten, das dann aufkam und sich bis heute einstellt. Ich habe nicht darum gebeten, ich habe früh gelernt, ohne auszukommen, aber es ist trotzdem da. Nenn es die Sehnsucht nach einer Selbstgewissheit, in der Wissen unsichtbar war statt unsicher. Sich nach Vollständigkeit zu sehnen, weil man mit einem Fehlen auf die Welt gekommen war, und dieses Fehlen wurde einem mitgegeben. Dem gingen ein *Trotzdem* voraus und die Tapferkeit meiner Mutter, es um meinetwillen mit allem aufzunehmen. Ihr Wissen, es gab keine Zufluchten außer im Kind, sie konnte sich nirgendwo bergen, nur ins Kind. Dieses Wissen um das Gefühl, das schon immer die Grenze zwischen ihr und mir überwand, das ich verstand, bevor ich erwachsen wurde. Ich sollte einmal ganz am Anfang vermieden werden. Ich wurde nicht vermieden. Das war eine Entscheidung anstelle einer Erwartung.

Ich wusste stets Bescheid um unser Vermögen, es war keins da, ich wusste Bescheid um die Ansparungen, die meine Großeltern für mich taten, ich wusste um die Nähe zu der einen Familie und kannte die Distanz zur anderen. Ich wusste, dass wir uns zueinander verhielten, wenn ich sie sah. Ich war überaufmerksam. Zu Begegnungen mit meinem Vater musste ich mich überwinden, weil ich zwischen ihm und meiner Mutter stand, zu der ich gehörte. Ich wusste also stets, was wir haben, und dass es zum Leben reicht, ich wusste nie, was mir fehlt, nur irgendwann habe ich erfahren, dass da etwas gewesen sein muss, und erst jetzt, indem ich es schreibe, wird es überhaupt relevant.

Ich bin wohl schon so auf die Welt gekommen, so ohne Vertrauen. Als Kind habe ich nicht gespürt, dass mir etwas fehlt, nichts von dem, was man nicht kennt, fehlt einem wirklich. Aber es bleibt auch ein Leben lang unwirklich. Dagegen hilft, wenig zu erwarten, dann geht einem auch nichts mehr nahe. Das hat mich ausgelegt wie eine Falle, und bin ich alt genug, mich in Acht zu nehmen vor dieser Mechanik, schnappt sie zu. Ich bin eine verpasste Tochter, aber mein Vater hat sich doch in mich gelegt. Er steht manchmal hinter meinen Augen und sieht durch mich. Ich muss Dinge in mir anerkennen, die ihm so auch vor Augen getreten sind. Mein Vater hat mir dies und das verpasst. Wir sind uns zu spät gekommen, er und ich. Wir nähern uns immer mehr an. Das ist wie ein Fliegengitter, an dem ich kleben bleibe. Ich bin hart geworden wie blankes Leder, was sind das für Nähte, die mich zusammenstechen zu etwas anderem. Ich möchte doch aber nicht ohne Trost auf der Welt sein.

Ist es das, was den Tod groß macht? Er verändert einen. Er macht was mit dir, wobei das, was bereits in dir angelegt war, seine prägnanteste Form gewinnt. Du wirst gehärtet daraus hervorgehen oder eingeschmolzen werden. In Zukunft wirst du dich verändert haben.

Das kennt man. Die Phasen im Leben, in denen durch das Unglück ein Sog entsteht, der weiteres Unglück nach sich zieht. Man denkt, es nimmt kein Ende. Als würde es magnetisch sein, und man würde immer zurückgezogen. Es hört nicht mehr auf. Es hört überhaupt nicht mehr auf. Seit über zehn Jahren denke ich nur, jetzt ist Ruhe, wer weiß, wie lange sie hält. So zeichnet das Unglück dich, wenn es dich mit sich schleppt wie ein Raubtier seine Beute oder dich wie ein Junges zwischen die Zähne nimmt. Als wäre die Ruhe nur eine Unterbrechung, ein Intervall, um Kräfte zu sammeln für das nächste Mal. Als würde das Unglück immer wieder zurückkehren und wäre dadurch nicht einmalig, sondern wiederholte sich ganz bestimmt. Ein Abonnement ab dem Moment, wo etwas aus der Bahn gerät, die vertraute Ungewissheit in erschreckende Gewissheit kippt. Das ist der große Pferdefuß an der Sache mit den verschobenen Grenzen. Man hinkt sich so durchs Leben, nachdem es erst einmal in Schieflage geraten ist. Also verhält sich mein Erleben immer im Vergleich zur erstarrten Zeit. Das muss aufhören, das ist doch absurd. Ich kann mir die Toten aufzählen, ohne sie im Geiste wirklich beerdigt zu haben, wie an einer Schnur. Das sind keine Erinnerungen, nur Veränderungen. Es ist, als sähe ich mir in meinem Denken und Fühlen zu und kommentierte mich selbst. Unter meinem Vater liegt noch einer. Das muss man sich mal vorstellen. Beide Väter starben als Telefonat. Die Botschaft wurde durchgestellt, aber sie kam nicht an. Setzt so Erinnerung ein? Ich habe eher die Anspannung als Wiederholung erlebt. Mein Körper war zu jedem Todestag im Eimer, kaum konnte ich atmen.

Die Angst kommt vielleicht von meiner Mutter. Das Weinen verzweifelter Mütter, die ihren Schmerz nur vor sich selbst ablassen, sich selbst ersetzen, sich Blitzableiter sind. Es ist ein Nebeneffekt, dass Mütter dann ihren Kindern, sobald sie alt genug sind, Dinge erzählen, vor denen sie sie gerade so beschützen konnten. Bei mir war es, als meine Mutter zu mir meinte: Es gab drei Möglichkeiten. Den Kopf in den Ofen zu legen, über die Grenze in den Westen zu gehen oder dich großzuziehen. An alle Möglichkeiten hatte ich gedacht. Ich hätte dich versorgt gewusst bei deinen Großeltern. Drüben hätte ich angefangen, in einem Kinderdorf zu arbeiten. Ich habe dich gewählt. Damit wird man dann groß, und es erscheint einem folgerichtig.

Die Angst existierte also schon vor meiner Geburt. Die Geburt sei leicht gewesen, sagt meine Mutter, aber stillen konnte sie mich nicht. Ein abschätziger Blick der Hebammen auf ihre Brüste habe gereicht. Die ersten zwei Jahre sei ich sehr krank, fast am Sterben und daher oft im Krankenhaus gewesen. Krankenhaus hieß damals, dass man allein auf Station lag. Ich magerte ab, sie fütterten mich über Schläuche. Einmal habe ich eine Zeitlang meine Mutter nicht erkannt. Sie stand hinter der Scheibe, und ich sah hin, ohne sie zu sehen. Ich war glasig und sie sicher auch. Danach nahm ich nie die Hand meiner Mutter, kroch nie in ihr Bett. Ging auf Abstand, regelte alles mit mir selbst. Aber was fasst das schon zusammen. Es legt nur den Deckel auf den Topf.

Daher rührt also die Angst, siehe sie hat sich verpuppt oder ineinander versteckt, eine böse aufgedunsene Matroschka. Die Angst kommt von niemandem. Nur habe ich sie und trage sie als Monstranz herum. Würde man mich nachts wecken, könnte ich sie nahtlos als Liste aufzählen. Ich kenne sie, jedes Glied ihrer Kette, ich erkenne sie voll und ganz an, ich habe Angst in voller Souveränität, dass ich sie habe. Wir leben zusammen, aber ich erkenne keine Störung. Wir sind einander vertraut, aber sie ist mir überlegen, sie beherrscht mich. Die Angst, mich zu offenbaren, ist wie eine zweite Haut vor der Offenbarung. Als stülpte ich mich um und man sähe die abgezogene Haut in ihrer dampfenden Hässlichkeit.

Damit ist nie alles, nur etwas gesagt.
Das ist Sprache.
Das braucht Zeit.
Und die Eingeweide?
Zu träge, sie zu lesen.

Die Angst ist wie ein eigenes Organ, sie kennt meinen Takt, aber atmet nicht danach. Sie atmet mir etwas vor, das beschleunigt meinen Herzschlag, sie atmet mir nach, das hetzt mich ab. Mit ihr ist es wie mit allen Organen, dass die Zeit, die durch sie geht, sie perforiert. Was kann Angst noch? Sie lässt die Zeit gerinnen. Sie stellt den Ton ab. Sie stellt sich zwischen mich und das Erleben, sie schneidet mich vom Erleben ab. Nur das Erlebte bleibt in mir zurück, als etwas, was mit mir geschah. Mittlerweile widert mich das an.

Hat Angst eine Grammatik? Eine ihrer Strategien ist die Übertreibung, das geschieht fast wie von selbst. Alle Empfindungen werden ins Schlussendliche überhöht. Vergesse ich etwas, fürchte ich Demenz, schmerzt was, wächst in meiner Vorstellung Krebs. Ich nehme gedanklich immer den kürzesten Weg zum größten anzunehmenden Unglück. Ziehe das Ende vor und kürze ab, was vorher möglich war.

Das wird jetzt also hier zur Sprache gebracht. Angst, die sich erklärt, sich selbst erklärt, aber nicht selbsterklärend ist. Nur im Nachhinein, hinterher verstanden wurde, und das allein ist, was sich mitteilen lässt. Zeit läuft in ihr ab, Sprache tritt hinzu und gibt der Angst den Schatten. Vielleicht hat Angst auch einen Scheitelpunkt, an dem sie irgendwann ermüdet, weil sie sich am gelebten Leben rund geschliffen hat. Am Ende liegt sie als Münze auf den Augen, Münzen vom Trickster, Falschmünzerei als Gabe für Charon. Immer noch eine Umdrehung mehr als Verlängerung der Verhandlung ums Leben. Wann hat das Feilschen darum aufgehört? Ab wann fing es an zu stören?

Sie macht jedenfalls, dass ich Probleme mit der Zeit bekomme, die ich brauche, um sie zu erzählen. Die sich verbraucht, um zu erzählen. Ich möchte, aber ich kann nicht ins Präteritum gehen, weil das Präsens mich gefangen hält, das Präsens eines noch immer nicht vorbeigegangenen Unglücks. Es erlaubt mir nicht, auf Abstand zu gehen. Ich kann nur sagen, was ich nicht erzählen kann. Weil ich nicht mal sagen kann, an wen sich das hier richtet. Ich kann diese Wer-werden-wir-einmal-sein-Gedankengebäude ebenso wenig ertragen wie den Konjunktiv, wer wir sein könnten. Das steckte schon immer im Konjunktiv, etwas lag auf der Hand und wurde versäumt und war nur wenigen, dafür den Klugen, den Guten, ersichtlich. Auf den Konjunktiv folgt die Utopie und Utopien sind nichts für mich. Ich bin näher an einem anderen Verfahren, in dem man mühsam und immer erst hinterher erfährt, was man angerichtet, aber auch begriffen hat. Und darauf vertrauen muss, dass man Zeichen als Spuren lesen kann, sich, was einmal gelebt hat, nachzeichnen lässt und man geformt daraus hervorgeht. Jahre später vielleicht richtet sich der Blick erneut auf das Bild und sieht man ausgehend vom Bild, wie es einen gezeichnet hat.

Mich interessiert, welche Fangarme wachsen der Angst. Was ist ihre Beute. Vielleicht brauchte ich dafür nur vom Passiv ins Aktiv zu wechseln und der Knoten wäre keiner mehr. Nur entlässt das Passiv einen ungern aus seiner Wohligkeit. Kuschel mit der Angst, die sich sowieso immer an dich drängt wie ein Vogeljunges, das gierig seinen Schnabel reckt. Die Angst ist mein Kuckuckskind. Die Angst füttert dich mit Situationen, sie hat gut zu tun. Sie hüpft wie ein Floh über den Körper, springt von Situation zu Situation, und hinterher spüre ich, was sie angerichtet hat. Nur wenn ich schreibe, fällt sie vom Körper ab, wird steif und unbeweglich, so kann ich sie betrachten als Punkt, den ich mit jedem Wort ins Wasser werfe, sodass er unbeweglich wird, und dann präpariert in den Kasten lege, der sich Buch für Buch füllt. Nur das mit der Liste gefällt mir nicht. Die Angst erinnert sich nicht. Erst wenn ich mich an sie erinnere, ist es so, dass sie auch vergeht. Das muss ich ändern. Ich darf keine Listen mehr herbeten, weil das Leben dazwischen dann nichts gilt, sondern nur verharrt. Weil keine Zeit vergeht. Diese Liste hält mein Leben an. So verhält man sich nicht, vor allem nicht, wenn man Kinder hat.

Mit der Zeit verliert sich das. Aber es verwandelt sich nicht, sondern dünnt nur aus, verwässert in den Ansprüchen eines voranschreitenden Lebens. So könnte es weitergehen mit einem Satz von Friederike Mayröcker, die einmal im Interview sagte, ich bin doch jetzt *danach*. Nur dieses Wort ist mir geblieben, es hat sich vom Gespräch gelöst, ist über die vergessenen Schwellen der Begründungen getreten und hat sich als Steigbügel offenbart, der mir darüber hinweghalf, ständig meinen Zustand zu reflektieren.

Kurz nach dem Unfall konnte mich nichts erreichen, dafür wurde alles Schriftliche überdeutlich. Jeder Text schien etwas zu enthalten, das mich betraf. Alles, was ich las, setzte ich zu mir in Beziehung und wollte Antworten oder zumindest Abstände eingehalten wissen. Ich konnte in den Wochen, die folgten, keine Abläufe mehr denken, nur Schleifen, es fiel mir schwer, Zusammenhänge herzustellen oder gar zu erwarten, etwas, was für die Gestaltung des Alltags unerlässlich ist. Dieser Phase folgte eine längere Phase der Überdeutlichkeit. Alles war scharf konturiert, jedes Wort offenbarte seinen Körper und war verletzbar, so wie ein tatsächlicher Körper bis zur Verunstaltung verletzt werden kann. Demzufolge bekam ich Angst, bestimmte Wörter in den Mund zu nehmen, weil sie durch meinen Zustand etwas abbekommen könnten, quasi beschwert, gar verletzt und durch meinen Gebrauch verunstaltet würden. Und weiter ging die Angst, sie führte sogar so weit, dass ich mich davor fürchtete, etwas aufzuschreiben, weil es sonst geschehen könnte.

Kurz vor dem Unfall hatte ich ein Gedicht geschrieben, in dem ich von zerbrochenen Köpfen umgeben war, mit denen ich kegelte. Ich schreibe das hier deswegen so lapidar, weil ich dieses Gedicht kleinhalten möchte, denn kurz danach ereignete sich der Unfall, bei dem mein Stiefvater auf die Motorhaube genommen, zwanzig Meter weit durch die Luft geschleudert wurde und schließlich mit dem Kopf auf den Asphalt schlug. Von da an sah ich für eine Weile nur diesen einen Zusammenhang. Was ich geschehen ließ in der Sprache, sprang auf die Wirklichkeit über. Eine furchtbare Rückkopplung. Mir kam nicht mehr in den Sinn, dass das Gedicht eher banal aus der Redewendung *sich den Kopf zerbrechen* heraus entstanden sein mochte, ich führte es eng an die Umstände und wurde daran fast mundtot.

Danach zerschnitt diese unheilvolle Verbindung zwischen meinem Zustand und der Ereignishaftigkeit der Vergangenheit. Der Tod wurde wieder zu einem Ereignis, das mich zu erschüttern verstand, von dem ich aber kein Teil mehr war. Es war befreiend, zu bemerken, dass ich mir wieder gehören durfte, und ich verstand noch viel besser die Macht seiner Anwesenheit, vor der sich die Menschen seit jeher so ängstigen, dass sie Rituale für die unmittelbare Zeit im Anschluss ersinnen, besser gesagt, dagegen. Rituale, um sich in der Zeit zu wappnen, in der jemand gestorben, aber auf merkwürdige Art noch nicht ganz tot ist, und je plötzlicher und gewaltsamer so ein Tod ausfällt, desto länger zieht sich dieser Zeitraum der Unschärfe. *Ich werde endlich doch bald ganz tot sein,* lässt Beckett seine Hauptfigur in *Malone stirbt* gleich zu Anfang sagen, quasi als Wegweiser für die folgenden Seiten. Sterben ist unerlässlich und dauert lang. Und es greift in der Zeit, in der jemand stirbt, bis zu seiner Beerdigung auf die Lebenden über. Sie müssen, das drückt die Gewalt des Todes vielleicht aus, sich, obwohl er bereits von ihnen gegangen ist, seiner erst noch entledigen.

Es lag an dem Wort, dass mir klar wurde, dass auch ich *danach* war, dass ich einmal unabhängig würde von diesem Tod, dessen Plötzlichkeit mich aus der Zeit geworfen hatte. Danach befand ich mich in einem anderen Zustand. Ich hatte in Überschätzung meiner isolierten Lage Mayröcker nach einer Lesung sogar gefragt, was sie denn damit meine. Sie konnte sich an das Interview nicht erinnern, und hier offenbart sich vielleicht am deutlichsten die zwanghafte Selbstbezogenheit, unter der jeder steht, in dessen Leben höhere Gewalt einbricht. Nur ich mit meinem Tod, der zwar nicht meiner war, aber doch zu meinem wurde, denn er hatte mich dazu gebracht, alles als von ihm abhängig zu betrachten. In dieser Zeit lief ich lange mit in den Taschen geballten Fäusten durch die Stadt, trennte mich, zog um, suchte nach Auseinandersetzungen und war glücklich, wenn sich nur etwas gegen mich richtete und mir das Leben erschwerte, denn dann konnte ich etwas empfinden.

Ich bin *danach* viel später noch mal in einem Buch von Denise Riley begegnet. Ihr erwachsener Sohn war plötzlich gestorben, das hob die Zeit aus den Angeln. Und dehnte sich zu einem Zustand anstelle der Zeit aus, ein mieser Stellvertreter, miese Stellvertreterexistenz, in der man selbst untot ist. Bei Riley sind es Jahre, die nicht vergangen, sondern unverändert geblieben sind trotz aller Erinnerung. *Danach* als endloser Zustand, der Zeit enthoben, die Dauer bricht sich am Verlauf, monolithisches Kliff. *Suddenly arrested time,* abgeschnitten von diesem Fluss, den man gewohnt ist und der Zeit erwartbar macht. Ein Zustand, der kein Trauma ist, sondern ein *freezing of time,* ein *extraordinary feeling of a-temporality,* das sich gegen alles richtet, was jemals über vergehende Zeit und ihre Konzepte gedacht und geschrieben wurde. Dieses Gefühl fußt auf einem klaren Bewusstsein, ist sprachlich aber kaum ausdrückbar, auch die Grammatik versagt hier regelmäßig und regelgerecht. Dennoch ist und bleibt diese gestoppte Zeit gelebte Zeit, denn man befindet sich in ihr und löst Spuren aus. Zugleich bleibt sie ein ausgedehnter Zustand, ein endloses Danach, zu dem es kein Davor mehr gibt, *a private non time of pure stasis.* Du kriegst deine Dinge geregelt, dein Leben geht voran, aber du erlebst es nicht, du schaust es dir an, und das betrifft nicht nur die Außenwelt, aus der du dich zurückgezogen hast, sondern auch deine eigene Innenwelt, auch die schaust du dir nur an, du hast dich verlassen, du bist von dir selbst verlassen, Monate, Jahre, Jahrzehnte nach einem Tod. Kein Gefühl von Erwartung stellt sich mehr ein, die Zukunft ist nicht interessant, ist nicht mehr Teil der Zeit. Neugier wird schwierig zu handhaben. Wünsche bleiben aus. Alles, was auf Zukunft vertraut, wird obsolet. Das greift ins Leben und fräst Löcher ins Dasein, denn alle diese auf Zukunft orientierten Handlungen machen auch die Gegenwart aus. Du kannst heiraten, Kinder kriegen und sie alle lieben in diesem Zustand, in dem du die einzige Schwarz-Weiß-Gestalt in einer Welt voller Farbe abgibst. Und damit bist du näher an den Toten als an den Lebenden. Im Danach erstreckt sich alles ausdehnungslos bis in die Gegenwart, ein endloses Jetzt, in Wirklichkeit jene ganz andere Zeit der Toten, für die unsere Sprache keine Erzählstruktur kennt. *My new ability to live in the present joins in that timelessness of being dead. Or the nearest I can get to it.* Kein Davor und kein Danach hält dieses Jetzt auf, in dem man verharrt *as if an enormous drained landscape lying behind your eyes had turned itself outward.* Man wird zu Charon, dealt mit den Münzen, die auf den Augen liegen, übt sich in Falschmünzerei dem Leben gegenüber, *I was my two eyes burning in my skull. Behind them there was only vacancy.* Man zählt die Zeit, statt sie zu erzählen. *Time now is a plateau. I only know whether an event came before or after the date of the death.* Das muss nicht mal grausam sein. Es lebt sich ruhig dahin, so gleichgültig, wie es bei Büchners *Lenz* am Ende steht, *by this quiet feeling of living, only just, on this near side of a cut between the living and the dead.*

Was für immer fehlt, wenn der Tod plötzlich ist: Man hat nicht zu Ende gesprochen. Sich nicht wenigstens noch etwas gesagt. Einen Moment des Abschieds gemeinsam erkannt, an den sich dann, wer zurückbleibt, erinnern kann. Hier war es so weit. Das ist, was das Leben einem gibt: Bis zur Grenze ist es noch Leben. Die Zeit, die seitdem vergangene, füttere mit Zeit. Der plötzliche Tod raubt einem diesen Zeitabschnitt. Ein Augenblick, als würde man mitten in der Nacht geweckt, gibt es andere Möglichkeiten, das zu beschreiben? So wenig, um das zu ersetzen.

Am Ende kürzt sich nur ab, was möglich war. Lücken, die man übergangen hat, Lücken, in denen man sich übergangen fühlt. Die man meidet. Am Ende ist es auf der Intensivstation immer ruhig. Die Ärzte werden nicht schneller, die Bewegungen sind keinesfalls hektisch.

Das Ende verlief sich in einer Begegnung. Das Ende wartete auf dem Flur, in den Wegen bis zur entsprechenden Station, in dem Zögern, das mit der eigenen Hand auf der Klinke lag, aber dann war der Schock ganz und gar, also wartete man ihn ab und gewöhnte sich schnell daran.

Am Ende kann auch zeitlich vorversetzt sein, wenn der Arzt schon um die Organe bittet und man entscheiden muss, ob der Tod nützlich ist. Dort liegt jemand und ist schon tot, aber noch nicht ganz. Kann ein Körper, der sich hebt und senkt, am Ende sein? Zwei Wochen später, auf ihrem letzten Besuch, sagt Mutter, dass es mit ihm zu Ende geht, er sieht wächserner aus, etwas verändert sich, während er an den Schläuchen hängt.

Am Ende sind es die Überführung, das Begräbnis, die Traueranzeige, die Trauerrede, die Danksagungen, die Haushaltsauflösung, die Abwicklung des Kontos, die Versicherung, die juristische Beratung, die Hinterbliebenenrente, die Suche nach dem Testament in seinen persönlichen Unterlagen, dieses einmalige Nachforschen in der Privatsphäre des anderen, zum ersten Mal die bange Frage, ob man Überraschungen erleben wird.

Am Ende ist es das Warten. Am Ende ist es ein Telefonanruf von der Intensivstation. Am Ende stehen Traueranzeigen auf sozialen Plattformen, die ab dann Aufmerksamkeit beanspruchen. Sie wollen gepflegt werden, am liebsten RIP, statt Alpha oder Omega oder eines Kreuzes. Ein paar kurze Abkürzungen, und damit ist es dann getan. Keine Luft weht im Internet, wenn man aufs Display starrt, um den anderen zu zeigen, dass man ihre Reaktionen wahrgenommen hat. Das Ende steht dann schon nicht mehr im Mittelpunkt der Aufmerksamkeit, obwohl sein Zeitpunkt jahrhundertelang Indikator dafür war: Jetzt ist jemand tot, jetzt öffnen wir mal das Fenster, jetzt will die Seele raus, auf jeden Fall braucht es jetzt Luft. Jetzt ist der Rest Schweigen. Jetzt schließt man die Augen. Jetzt verlässt man das Zimmer. Jetzt werden die Geräte abgestellt. Schon da ist vielleicht keiner mehr dabei. Wir waren es nicht, wir haben zu einem Zeitpunkt Abschied genommen, der planbar war wie ein Kaiserschnitt. Am Ende streichelt man noch mal die Hand, weil der Körper ja verkabelt ist und nicht bewegt werden darf. Man hält die Hand, weiter traut man sich nicht. Oder streicht noch kurz über die Wange, so habe ich Tschüss gesagt. Am Ende hört man ein Gurgeln durchs Telefon. Oder wird der Lautsprecher auf der Intensivstation auf laut gestellt. Ein Ende ohne Körper ist endlos.

Am Ende widersetzt sich stets diesem furchtbaren Konjunktiv, mit dem man sich noch rasend schnell und voller Wahnwitz in Gedanken überschlägt, mit dessen Hilfe man die Unmöglichkeit nicht wahrhaben will. Am Ende gibt es kein *Wenn*, keine Wippe mehr. Am Ende wandert alles in die Erfahrung über, weil zwischen dem Wissen und Begreifen Zeit vergeht.

Am Ende pflegte meine Freundin ihre Schwiegermutter bis zum Schluss und sagte, *dafür hat sie mir alles gegeben*. Am Ende setzte mein Vater sich seine Spritzen selbst und beantragte Urlaub dafür. Am Ende hielt er sich Wildschweine. Am Ende gab es mal einen blauen Sarg mit Sternen. Am Ende sagt man schon gar nicht mehr, dass man nicht mehr kann. Am Ende legt man sich Listen dafür an.

Eben lasse ich mir beim Duschen das Wasser hart auf den Kopf prasseln. Wie ich das mache? Indem ich mich in die Wanne hocke, ich gehe sozusagen in die Knie. Dadurch verlängert sich der Abstand zum Duschkopf, sodass der Strahl sich in große Tropfen aufzulösen beginnt. Topfschlagen.

Gleichzeitig wirft eine Mutter ihr Neugeborenes aus dem zehnten Stock vom Balkon, sodass es hart aufschlägt und stirbt.

Gleichzeitig meldet ein Mann im Virchow-Klinikum der Berliner Charité, Mittelallee 3, Erdgeschoss, seinen neugeborenen Sohn an.

Gleichzeitig liegt mein Vater in der Berliner Charité im Koma.

Heute lasse ich mir das Wasser so hart auf die Kopfhaut prasseln, weil ich gestern nicht geduscht habe. Gestern war ich auf der Station, um Abschied von meinem Vater zu nehmen, der an den Folgen seiner Kopfverletzung stirbt.

Es ist ein klinischer Tod, sagen die Ärzte. Das kann doch kein Mensch begreifen, denke ich, als ich seinen regelmäßigen Atemzügen zusehe. Die Atmung ist stabil, das Herz schlägt auch, nur im Gehirn passiert nichts mehr, aber das sieht man nicht. Sein Zustand ist *sterbend*. In den nächsten Tagen wird er vollends gestorben sein, aber die Ärzte drücken mir jetzt schon ihr Beileid aus und bitten mich, Abschied zu nehmen. Weil er ein guter Spender ist, bitten sie noch dazu um seine Organe. Weil er eines unnatürlichen Todes starb, wird er obduziert werden, in seinen Körper eingreifen müsse man ohnehin. Weil er obduziert werden muss, tritt eine Schuldfrage in die Welt. Die Schuld liegt irgendwo auf der Straße, dort, wo mein Vater, als er auf dem Fahrrad eine Kreuzung überquerte, mit dem Auto zusammenstieß, dabei erst auf die Kühlerhaube gehoben wurde und mit dem Kopf gegen die Windschutzscheibe schlug, um danach für einige Sekunden wie schwerelos durch die Luft zu fliegen, bevor er schließlich auf den Asphalt prallte. So wie ein Bagger erst Sand aufnimmt und an anderer Stelle wieder ablädt. Oder wie eine reife Wassermelone, die zu Boden fällt und dabei zerbirst. Nur schneller. Und viel härter. Die Polizei ermittelt, kann ich dem Ticker aus dem Internet entnehmen, es war der schwerste Unfall an diesem späten Hauptstadtabend, aber als ich bei der zuständigen Polizeistation anrufe, sagen sie mir nichts außer, es tue ihnen leid, und: Gegen Tote wird nicht mehr ermittelt. Aber er ist ja gar nicht tot!

Die Ärzte werden nun nach und nach die Medikamente herabsetzen, die seit dem Unfall dazu dienten, den Druck in seinem Schädel zu senken. Der Druck war trotz steter Maximaldosis immer weiter gestiegen und zuletzt bei über hundert angelangt. Wahrscheinlich werden sie ihm auch die Drainagen abnehmen, die trotz mehrfacher Auswechslungen nicht richtig funktionierten, weil sein Blut vor dem Abfließen aus dem Kopf immer gerann. Er war nicht operabel, weil das Hirn ins eigene Wasser blutete, weil also die Hirnblutungen ins Hirnwasser gelangten, sodass das Hirn irgendwann in Blut schwamm.

Seine Pupillen sind erweitert und starr. Anfänglich war es nur die rechte, nun sind es beide. Mehr, als die Medikamente abzusetzen, dürfen die Ärzte nicht tun, damit die Natur die Oberhand gewinnt. Noch sorgen sie dafür, dass nichts an den Tod erinnert, der bereits eingetreten ist. Während einer von ihnen mir das im Besprechungszimmer auseinandersetzt, richte ich meinen Willen auf einen imaginären festen Punkt irgendwo im Raum und wünsche mir dabei, dass er sich wie das Licht im Brennpunkt einer Linse erst sammelte, bevor er etwas anderes ohne jede äußere Einwirkung in Brand versetzt. Als ließe sich alles mit dieser Anstrengung einfach so ändern. Dabei ist er das Entzündliche darin. Die vergangenen Nächte habe ich nur im Halbschlaf verbracht, als gelte es, selbst im Schlaf noch wachsam zu sein und meinen Willen darauf auszurichten, dass mein Vater seinen behält. Nach einer Weile höchster Konzentration brennt sich mir die Erschöpfung ein, denn es liegt nicht in meiner Hand: zwei starre Pupillen und ein Hirndruck weit über hundert und kein Blut, das aus den Drainagen fließt. Ob ich verstehen könne, was er mir hier sagen muss, fragt der Arzt, der mir im Besprechungsraum gegenübersitzt, ich hätte ihn zwar die ganze Zeit angesehen, aber nicht fixiert. Und bittet mich, Abschied zu nehmen. Und bietet mir an, vorher noch einmal Atem zu schöpfen und kurz an die frische Luft zu gehen.

Draußen ist ein schöner Spätsommertag. Der ganze Sommer war eigentlich keiner. Oder: Die zwei Tage im Sommer waren sehr schön. Weil keine Bank mehr frei ist, knicke ich die Beine ein und lehne mich mit dem Rücken an eines der Geländer in der Mittelallee. Die ist fast ein wenig herrschaftlich. Zwei große Wege, getrennt von einem Grünstreifen mit Bäumen, umrahmt von modernen Gebäuden, Glashallen, viel Lichtdurchflutung. Eine Cafeteria lädt zum Mittagessen ein. Allerlei Frauen mit Kopftüchern in schicker Ausfertigung flanieren an mir vorbei. Dabei schieben sie ihre Kinderwagen. Ab und zu fährt ein Mercedes oder BMW vor, meist Cabriolets, heute alle mit eingefahrenem Dach. Dicht neben meiner Wange entdecke ich ein Kreuzspinnennetz, das sich spiralig ums Geländer gewunden hat, an dem ich lehne. Am Efeu, der es umwächst, entdecke ich zum ersten Mal die Herzform seiner Blätter. Weiter hinten, unter einer der zahlreichen Kastanien, versucht eine Elster gerade den Abflug als Aufstieg in die Luft. Es gelingt ihr nur bedingt, weil ihr ein besonders schwerer Brocken im Schnabel steckt, der verhindert, dass sie an Höhe gewinnt. Sie soll sich hüten vor den Kastanien, die in großer Anzahl von den Bäumen auf die Straße herabfallen, so, dass ihre Schale zerbirst und die eingehüllte Frucht entblößt.

Noch nie habe ich solche Angst vor der Zeit gehabt. Gleichzeitig ist es eine Angst um die Zeit, denn seitdem mein Vater mit dem Kopf auf den Boden schlug, zähle ich die Stunden, in denen er seitdem schon lebt. Seit seinem Tod lebe ich nur noch in der Gegenwart und häufe mir einen Schatz an Vergangenheit an, von dem ich mir wünsche, dass er mit jeder Sekunde größer wird. Ich hatte nach meiner Ankunft in der Klinik gesagt, dass ich auch in der Nacht angerufen werden möchte, wenn es kippt. Das heißt, dass es seit seiner Einlieferung auf der Kippe stand. Warum mir im Gedanken daran plötzlich der Freund aus Aix-en-Provence einfällt, der sich mit meiner Beratung einen Rock in einer Boutique kaufen ging und damit im Jahr 2003 der erste Mann in Aix mit einem Rocksaum an den Beinen war, weiß ich nicht. Es war amüsant damals, der Verkäuferin dabei zuzusehen, wie sie nach und nach die Fassung verlor.

Ich sitze in Gedanken an seinem Bett, streichle seinen Arm, erzähle ihm einen Witz: Wie heißt das kleinste Raubtier der Welt? Daschentiescher. Er ist ja Sachse. Gut, sagte der Pfleger noch vor Tagen, dass sie mit ihm reden. Gut, hat der Arzt gesagt, dass sie so schnell zu ihm gekommen sind. Der Pfleger sagte: Mein wunderbarster Patient war ein Dachdecker, der vom zehnten Stock gefallen war. Er hatte den ganzen Kopf voller Hämatome, man kann sagen, er schwamm darin. Zwei Wochen lag er im Koma, und keiner der Ärzte hätte auch nur einen Pfifferling auf ihn gegeben. Dann ist er nach und nach wieder aufgewacht. Von da an dauerte es sehr lange, aber heute ist er nahezu komplett wiederhergestellt. Sozusagen ohne Dachschaden. Wir lachten kurz. Der ist aber wie ein Korn im Sand, fügte er noch besorgt hinzu. Aber auf Hoffnung hin haben Sie es mir doch erzählt, sagte ich.

Der Tod ist groß. Manchmal dauert er an.

Ich weiß nicht, was über mich hereingebrochen ist. Wenn ich es erklären soll, rücken die ausgesagten Worte an mich heran, als suchten sie, längst verloren gegangene Nestwärme wiederzuerlangen. Sie sehen zerbrechlich aus. Sie sehen mich hartnäckig an: Siehst du, hier sind wir, immer wieder. Es ist, als wüssten sie, dass nicht ich sie bilde, vielmehr erscheint es mir, als bildeten sie mich. Als brächten sie mir mit ihrer Rückkehr etwas bei. Aber sie sind ohne meinen Wunsch zurückgekommen, sind einfach in mich eingedrungen, obwohl ich gerne andere Sätze mit ihnen bilden möchte. Sie sind dabei so wenig austauschbar wie der Tod. Sie lassen sich auch nicht verleugnen. Aus jedem Satz blicken sie mich an, als wüssten sie, dass das, was in ihm gesagt wird, nie mehr aus ihm getilgt werden oder wenigstens verschwiegen werden kann. Ich muss sie wieder und wieder denken, weil ich der Sprache mächtig bin. Sie ermächtigen mich dazu. Die Sätze des Pflegers, die Sätze der Ärzte, die Sätze, in die ich meinen Witz zu kleiden begann - weil ich all das verstehen kann, muss ich es auch. Die Sprache ist eine Gewalttat. Sie zwingt mich zum Sprechen, obwohl ich nur schreien und wimmern will. *Er ist verstorben* vielleicht, oder *Er ist bei einem Verkehrsunfall ums Leben gekommen* anstelle von *eristtoteristtoteristtot. Er wird sterben.* Oder: *Er ist schon tot.* Welcher dieser Sätze ist nun wahr? Ich kann doch nicht sagen: *Er ist ums Leben gekommen,* denn das ist er nicht. Er hat ein Leben gelebt, das unnatürlich früh abbrach.

Seit der Bekanntmachung des Arztes ist alles diffus. Man kann auch sagen, alles ist verschwommen oder wie hinter Schleiern, denn ich habe keine Vorstellung von dem, was passiert sein soll. Ich komme mit meinen Gedanken nur langsam voran, ich muss immer erst einen zu Ende denken, bevor ich mit dem nächsten beginnen kann. Die Gedanken müssen sich zu Sätzen bilden und wie Sätze gelesen werden, ich lese sie mit meinem inneren Auge wie vom Teleprompter für schlechte Moderatoren, die vielleicht mal die Fähigkeiten zu eigenen Gedankengängen hatten, die ihnen aber in ihrem Beruf nicht schnell genug nachfolgen konnten. Dann ist sein Kopf auf den Asphalt geknallt und zerborsten wie eine Melone, ab dann lief die Zeit wieder weiter, nachdem sie kurz angehalten hatte für diesen Augenblick. Das kann doch kein Mensch begreifen, was zwischen der Sprache und der Zeit geschieht.

Mein Vater ist bereits tot, obwohl sein Körper noch lebt. Ich gehe wieder hoch, um Abschied zu nehmen von einem warmen Körper, dessen Brustkorb sich in regelmäßigen Zügen senkt und hebt. Sein Herz kann man schlagen spüren, wenn man die Hand auf die Stelle der Haut legt, unter der sich das Herz vermuten lässt. Der Körper ist wie immer, ein paar Blessuren, kaum zerschunden, selbst das Gesicht ist seins. Der Übergang vom klinischen Tod zum biologischen wird noch Tage dauern und hängt von seinem Körper ab. Etwas Fieber begleitet ihn dabei.

Einfach den Beatmungsschlauch ziehen dürfen sie nicht, obwohl der Tod eintreten wird. Sein Zustand ist *sterbend*. Der Tod ist nur messbar, weil die Medikamente eine Diagnose künstlich hinauszögern. Man kann nur Stück für Stück die Dosis verringern und immer weniger Sauerstoff verabreichen bis hin zur Zimmerluft. Das ist dann Natur im klinischen Verlauf.

Wir müssen zwei Tode haben, heißt es in einem indianischen Märchen: Der Wolf sagt: Kojote, die menschlichen Wesen müssen zwei Tode haben. Das soll die Regel sein. Doch der Kojote entgegnet: Wozu sollen zwei Tode gut sein? Wenn jemand stirbt, müssen wir weinen. Die Tränen müssen auf unseren Wangen trocknen. In diesem Streit siegt der Kojote.

Ich warte. Warte auf den zweiten Tod, für den es dann auch einen Schein geben wird und eine Urkunde. Wie ein Lauffeuer tätigen sich die nächsten Anrufe von selbst: Erst die an die Verwandten, dann die unter den Verwandten, dann die der Verwandten. Dann werde ich für meine Familie eine Anzeige in die Zeitung setzen, mit der auch meine Trauer bekannt gegeben wird. Dann wissen auch die Bekannten und Fremden Bescheid. Dann werden Trauerfeier und Beerdigung sein. Die ganze Familie reist an, verstört, aber beieinander. Indem man zu einer Trauerfeier geht, erweist man dem Toten die letzte Ehre, sagt man. Und schreibt es auf Karten, die man uns mehr oder weniger beschrieben zuschickt. Ich habe einmal gelesen, dass es zwei große Themen in der Literatur gibt, um die alles kreist: Liebe und Tod. Angekommen bei diesem Gedanken gehe ich duschen. Die Gedanken machen, dass ich beim Duschen in die Knie gehe, weil es wichtig ist, dass der Wasserstrahl in harten Tropfen auf mich niedergeht, die an meinem Kopf zerplatzen.

Zeit heilt alle Wunden, sagt man, doch das stimmt so nicht, denn Zeit verfügt nicht über ihre Abwesenheit. Es vergeht nichts da, wo Zeit nicht vergeht. Die Zeit weiß von nichts.

Anfangs hatte ich es noch versucht. Kurz nach dem Unfall schrieb ich einen Text als eine Art Blitzableiter. Ein weiterer Text sollte die Fakten miteinbeziehen, als sähe ich darauf hinab, als blickte ich auf die Vergangenheit wie auf ein Terrarium mit vier gläsernen Wänden. Sogar der Polizeifunk sollte eine Rolle spielen, denn es war ja der schwerste Unfall an diesem Hauptstadtabend. Aber der Text löste nichts aus, und er löste auch nichts auf, denn in der Summe des Erlebens war ich drüber.

Ich wollte es ganz genau erzählen und schilderte den Unfall in seiner chronologischen Reihenfolge, aber das half niemandem weiter. Man wimmelte mich ab, und erst Jahre später begriff ich, dass das der Weg ist, wie mit maßloser Trauer umgegangen wird. Als wäre man am Ertrinken und klammerte sich wahllos, dafür mit aller Kraft, an alles, was greifbar ist, und gefährdete es mit seiner Last. Es ist schon gut, dass die anderen gleichgültiger gegenüber den eigenen Erlebnissen sind.

Daran lernte ich, Rücksicht zu nehmen, und verknappte mein Erlebnis. Schwieg zu Schilderungen anderer, die sich über ihr vergleichsweise harmloses Leid artikulierten, weil man so etwas nicht vergleicht. Legte mir Begriffe zurecht, die das Erlebte umgingen. Ich wollte niemanden überfordern. Und dachte, ich könne es dabei belassen, ein Muss-niemand-wissen, ich lebe auch so, und wenn ich meinen Herzschlag sich beschleunigen spüre, geht es nur mich etwas an, und wenn ich bei den billigsten Filmen nichts mehr zurückhalten kann, ist es allein meine Sache. Das entfernte mich (mehr und mehr) von allen, ohne es jemandem zu spüren zu geben. Dadurch wurde alles nach und nach belanglos, worin ich Erfahrung besaß. Als würde man innerlich veröden. Um bloß nichts zu fühlen, musste man alles veröden, perverser Lerneffekt. So kann man nicht sein. Man versteht nur sofort wortlos die anderen, wenn sie Ähnliches nicht sagen. *Darüber rede ich nicht,* sagt der Fünfzehnjährige über seinen dementen Vater in dem Zeitungsartikel, zu dem Buch, das er über ihn geschrieben hat. Man beschließt das für sich, man schließt das ab für sich, man schließt es aus, man schließt sich aus, und wenn man nur anderen gegenüber nichts offenbart, wird es auch für einen selbst weniger, so wie Wörter, die nicht mehr in Gebrauch sind, verschwinden und ihre Bedeutung sich irgendwann erübrigt. Eine Schwindsucht aus Wörtern. Damit war ich vertraut.

Das führte dazu, dass ich bis heute die Kette rauf- und runterzähle, anstatt sie zu erzählen. Ich kann also davon erzählen, wie man zu sich auf Abstand gehen kann. Wie man sich einen leeren Raum schaffen kann und dies den anderen gegenüber noch verbirgt. Wie man grausam genug damit lebt. Diese Erfahrung habe ich gemacht. Es dauerte lang. Es ging bis jetzt. Es hält an. Und jetzt steht hier diese Ausgeburt einer *arrested time* und weiß nicht weiter.

Was aber macht das mit den Erwartungen? Man kann in die Keimruhe gehen und bestimmte Dinge verzögern, auf Sparflamme legen, wenig für lange Zeit speichern, sich anders konzentrieren, also immer schön eins nach dem andern, keine Kaskaden, wenig Sprünge. Ende des 19. Jahrhunderts haben das Menschen noch getan, sich im sibirischen Winter in einem Zimmer wortlos ums Feuer versammelt und kaum mehr bewegt. Sich also in ihre Blutbahnen zurückgezogen. Nichts mehr unter Schmerzen vermisst. Aber wir sind doch keine Flatliner, dass wir immer um die Nulllinie tanzen wie Rumpelstilzchen ums Feuer. Und übermorgen hol ich's mir wieder zurück, aber meine Bedürfnisse verrate ich nicht.

Wenn man versehrt ist oder die Grenzen verschoben sind, was hat man dann schon zu erzählen? Alles maßlos verzerrt, die eigene Wahrnehmung, der Gefühlshaushalt. Keine Mitte, nur ein Kern, sehr hart. Man entscheidet, dass es besser ist, wenn man nicht von sich spricht, man nimmt Rücksicht, sagt man sich, nur sich. Man entscheidet sich dagegen. Das wirkt sich aus. Nichts ist wert, erzählt zu werden, nichts geht einen mehr etwas an. Man ist an sich selbst unbeteiligt. Als würde man sich nur noch verwalten. Und erkennt man Ähnliches bei anderen, wiegelt man ab als Abwehr gegenüber vertrautem Leid. Das grenzt an unterlassene Hilfeleistung gegenüber sich selbst und anderen, bis die verweigerte Vergangenheit zu einem Kreisen ohne Richtung wird und das Gefühl aufkommt, wie das falsche Opfer eines Schiffsunglücks zu sein. Leere, das bist doch eigentlich du, warum liegst du nicht da unten bei denen, deren Haare jetzt im Wasser schweben?

In manchen Situationen dann hemmungsloses Weinen. Als laste ein ständiger Druck auf allen Kanälen, und plötzlich, an einer unerwartbaren, weil unbeachteten und daher ungesicherten Stelle, offenbart sich das Leck. Mach dich immun, panzere dich, härte dich ab, dass nichts mehr in dich dringt und dich trifft! Dass dir niemand mehr was kann! Wie einsam das ist, merkt man erst dann, wenn der Panzer ganz und gar geschlossen ist. Und dann hört einen keiner, denn man sieht es einem nicht an. Ein ähnlicher Moment wie im Gitterbett, lange vor der Schwelle zur kindlichen Amnesie.

Kann sein, das ist der Grund, warum ich das hier nicht erzählen kann, nur schreiben. Ich kann es nur in den weiten Raum tragen, es in die Luft legen, sodass es beliebig wird und ich niemanden persönlich ansprechen muss, denn das ist etwas, was mir kaum gelingt. Es weiß ja sonst keiner, es hat ja niemand so erlebt. Nur das Erlebnis bleibt bestehen und ist sofort verschwommen in der Erinnerung. Es puckert über die Jahre vor sich hin. Eine Verhornung steckt da drin. Ein Gerstenkorn, eine Inkluse, ein Einschluss, von außen betrachtet vollkommen und zugleich unnahbar, nicht zu erreichen, denn gäbe es einen Zugang, würde deutlich, dass das, was da zum Vorschein kommt, kein Innenleben hat. Es ist nur eine Hülle. Ein überdauerter Zustand, der sich nicht mehr ändern lässt, auf paradoxe Art aber in einem bestehen bleibt. Mich zum Bernstein gerinnen lässt. Einmal habe ich es tropfen lassen, und das Harz umschloss, was mich quälte, sodass es überdauert hat. Das mag wie ein Splitter aus einem ragen, diese offene Stelle, die sich nicht schließen kann, die alles in einen hineinlässt, eine umgekehrte Büchse der Pandora. Alles Übel drängt in einen, und damit lebt man dann. Eine

Art Torpor, ein starrer, auswegloser Zustand, ein Steinkind im Bauch der Mutter. Sprache wie Ziegelsteine in deinem Magen, mit denen du dich zum Brunnen schleppst, weil du durstig bist, nachdem dich die Gefühle mit Wolfshunger verschlungen haben. Die Selbstwahrnehmung verschlingt, es ist kannibalisch, guck nicht so. Immerhin, wenn die Sprache hinzutritt, macht sie, dass es nicht persönlich bleibt. Als könne ich mit ihr meinen Weg fortsetzen, wie die Schnecke über Rasierklingen hinweg. Also bitte auch kein Scheinwerferlicht, eher das ruhige Dunkel eines Röntgenbildes und die Technik, die dem vorausgeht. Ich als Katzenauge, mit mir nicht identisch, leuchtet nur kurz auf im Licht.

Dieser Zwang, immer alles erklären zu wollen, macht zwar alles in Gedanken schärfer, schöner oder besser wird es dadurch nicht. Die Gräber auf den Friedhöfen werden eingeebnet nach einiger Zeit, so vergehen die Toten in Schichten. Ich habe fast schon vergessen, wo mein Vater liegt, und fast habe ich es vergessen, keinen Vater gehabt zu haben. Lieber betrachte ich das im Netz seiner Grammatik. Ich sehe nur durch das Schreiben, was das Schreiben mit dem Gewesenen macht. Als könne man, was man erfahren hat, abgleichen mit dem, was man darüber weiß. Bis irgendwann der eigene Name in der Google-Suche einer anderen Person gehört, die dich ab dann überlebt. Mach doch zum Kern deiner Erfahrung, was es alles nicht gibt, statt was es gibt. Es gibt genug schwarze Löcher. Such deine Inkluse, brich ihre Hülle auf und gib preis, dass nichts mehr drinsteckt. Schau dir an, was übrig geblieben ist, schau genau hin auf diese Hülle als Abgrenzung vom Raum, außen wie innen, und beschreib dann die Leere im Raum.

Die Verhärtung hält den Schmerz nicht ab, nur auf. Und bringt einen dazu, nichts zu offenbaren. Nichts darf sich mehr erfüllen. Kausalitäten, die es verbieten, dass man darüber spricht. Hilfreich ist das nicht. Alles marschiert an einem vorbei, und man erreicht nicht mehr, dass man sich trifft. Berührt nichts. Verödet daran. Entwickelt Hungerödeme. Es kommt nichts mehr an. Ich bin nahezu unbeteiligt an mir selbst, als hätte ich mich aus mir zurückgezogen und würde mich lediglich verwalten.

Anhand des Schreibens erst lässt sich das erkennen, wird man es nach und nach zu sehen bekommen, seine Deformationen, Abweichungen. Der blinde Fleck, der sich im scheinbar Erinnerten offenbart. Man hat alles gesehen, aber in Wirklichkeit hat man sich nur die Umrisse, die Konturen, die Gestalt in den Kopf geholt. Also nicht nur die Schnecke, die über die Rasierklinge hinweg ihren Weg fortsetzt, sondern auch das Entbinden der Mumie. Binde für Binde nimmt man ab, bis irgendwann der mumifizierte Körper erscheint, der sich ab dann in Luft auflöst. Und Sprache ist ausgestoßene Luft, die etwas bis dahin Konserviertes zerfallen lässt. Also schreibe ich das hier, um möglichst den nötigen Abstand zu gewinnen, und weil ich die Welt nicht beobachten kann, beobachte ich mich. Mach mich gläsern, Röntgenblick. Es gibt kaum Worte für dieses seltsame Missverhältnis. Man sieht nur mit der Zeit auf die Veränderung, die das Schreiben macht. Man durchschaut die Veränderungen so schlecht.

Schon immer kam ich mir mangelhaft vor, aber wie bespricht man Mangel. So wie man eine Warze bespricht? Lange fühlte ich mich von Mängeln durchzogen statt von Vätern. Das ganze Kind eine Zumutung. Es kann aber auch ganz anders sein, es kann ein Paradoxon daraus entstanden sein, ein Mangelempfinden ist kein Mangel, und wer von sich selbst denkt, dass er nicht genügt, lernt gern etwas anderes kennen. Das ist als Wissen untrüglich, etwas fehlt von vornherein, aber diesem Etwas kann man nachgehen, es liegt in der Luft, die jeden Tag durch die Sprache zieht, mit der wir uns besprechen. Immer nur die Spur des eigenen Lebens als Beweis zu führen, bedeutet, sich beim eigenen Leben anzubiedern. Immer nur einer Spur zu folgen, und sei es die eigene, reicht nicht. Wenn man sich aus dem Geschehen nur das Eigene nimmt, bleibt nichts übrig als der Strang einer DNS. Kein Körper und erst recht kein Raum zum Leben.

Mangel ist wie eine Krankheit im Widerspruch zum Bedürfnis zu sprechen, ist die Scham, dass es nicht bedeutsam genug sei, allein aus sich heraus. Das liegt an diesem harten Kern, auf den ich mich stets zurückführen muss, an der Aufzählung, dass so was von so was kommt. Ist man sich selbst beliebig geworden, spielt, was man sich wünscht, auch keine Rolle mehr. Mangel ist eine Falle, stellt viele Fallen, die an den Fragen liegen, die er hervorbringt, den Unsicherheiten. Mangel gibt sehr viel Sicherheit, sich nie in Sicherheit zu wiegen, sich unsicher zu sein über Voraussetzungen und Gegebenheiten. Das führt zu Ehrlichkeit, wenn immer etwas fehlt, das ermöglicht Hingabe. Ich kenne mich gut. Mangel ist meine Quelle, und sie versiegt nicht. Was ich zur Genüge kenne, ist Mangel, sind dessen Erscheinungsformen Angst und Ende. Leider genügte mir das viel zu lange.

Die einzige Möglichkeit also, dem Mangel zu begegnen, ihn zu begreifen und darzustellen, ihn sich zu eigen zu machen und sich zugleich von ihm abzuheben, scheint mir darin zu liegen, von sich abzusehen und lieber etwas anderes zu begreifen. Das lässt einen zeit seines Lebens neugierig sein auf das, was man nicht kennt. Das wirkt als tiefes in sich zurückgezogenes Wissen um das, woraus man besteht und worauf man nie verzichten wird bei aller Bereitschaft, sich einzuschränken. Es hält einen empfänglich für Schönheit als Versprechen, den Mangel für einen Moment aufzuheben, für einen Sprung, aus Sehnsucht danach, dass er sich kurz in Fülle zu verwandeln vermag. Man steht sich dann fremd gegenüber. Man ist immer selbstunsicher, aber nur bis zu einem gewissen Punkt. Man nimmt das Sich-infrage-Stellen als Erfahrung für instabile Zeiten. Man kann das ruhig auch mal als nützlich empfinden.

Man muss wissen, am Totensonntag unternahm ich einen Ausflug mit meinem Vater. Weil er nicht recht wollte, überredete ich ihn. Weil er mir den Rücken zukehrte, schulterte ich ihn mir über. Weil er sich so hängen ließ, dass er mir immer wieder gegen die Kniekehlen schlug, klemmte ich ihn mir schließlich unter die Achsel wie eine Damenhandtasche mit zu kurzem Griff. Dabei wurde mir so warm, dass ich verschwitzt in den Zug einstieg. Das letzte Mal sei es so warm zu meiner Geburt gewesen, hatte meine Mutter mir am Morgen noch erzählt: Wie sie damals an der Hauswand im T-Shirt gesessen und die Sonne ihren Bauch so lange beschienen habe, bis sich etwas darin zu bewegen begann, also aufgestanden und ab ins Krankenhaus, wo ich mich fast wie von selbst aus dem Ei pellte.

Das Ausflugsziel erforderte einmaliges Umsteigen. Der Zug war auf der Strecke mehrfach stehen geblieben, sodass er in dem Moment einfuhr, als der Anschlusszug den Bahnhof schon wieder verließ. Haben wir den Zug verpasst, dachte ich nur und sah nach meinem Vater, der mir unter meiner Achselhöhle schon ganz verwässert vorkam. Immerhin: Ich bin eine verpasste Tochter, nicht nur wir kommen uns zu spät.

Hieß es also warten, und was man in der Zwischenzeit tut, ist eben nichts Besonderes. Die Bahnhofshalle erkunden mitsamt ihren geschlossenen Läden. Spazieren gehen, schließlich war ich zum ersten Mal in meinem Leben dabei, mit meinem Vater einen Ausflug zu machen, also raus aus dem Bahnhof und die Stadt gesucht. Die war nicht aufzutreiben, stattdessen ein paar Häuser in Randlage, der Fahrradladen eines ehemaligen Weltmeisters war auch dabei. Dafür fuhr der nächste Zug pünktlich ab, sodass ich unserem Ausflugsziel entgegenzufiebern begann. Vater dämmerte vor sich hin, und ich, ich könnte vergessen, was mich hierhergetrieben hat, ich bin hier noch nie gewesen. Der Vater ist gewesen. Der Vater ist mein Vater gewesen. Was ist denn bloß mit meinem Vater gewesen?

Unser Ausflugsziel hatte mal eine Hutfabrik gehabt. Damals galt es als richtig salonfähig, obwohl es nur ein kleines Städtchen an der Grenze zu Polen war. Heute ist die alte Hutfabrik ein Plastinarium. Wer wissen will, was ein Plastinarium ist, der schaue es sich ruhig an, schon am Eingang liegen rote Teppichbahnen für Besucher aus. Drinnen dann: *Geschichte der Leichen, Werkstatt der Leichen, Wissenschaft, Ausstellungsraum*: Grässlich, oder wie soll man darüber reden, wenn ehemalige Laborassistentinnen vom Fleisch einer männlichen Leiche das Fett abkratzen und dabei ihren Lieblingsmuskel wie ein Saiteninstrument zupfen? Vielleicht zupfen Sie auch mal dran? Man muss auch wissen: Das Fleisch sah aus wie einmal gekochtes Rindfleisch, das zu lange ungekühlt gestanden hat. Man muss wissen: Da lag ein ganzer toter Mann, aber sie hielten nur seine Oberschenkel unbedeckt, für die Zuschauer, und für die Zuschauer fuhren sie mit den Fingern das fasrige Fleisch auf und ab. Das Fleisch sah einen Moment essbar aus, fast musste ich kotzen, und man muss wissen, was diese Angestellten dazu sagten: Gunther hat uns ausgewählt, zwanzig von zweitausend. Für den musst du hinter dem stehen, was du bisher gemacht hast, sagt einen Tisch weiter der Tierzüchter, während er Gehirnscheiben pflegt, zwei Wochen knüppelharte Anatomie, dann kannst du hier anfangen, und ist es nicht ein schöner, ein ordentlicher Beruf? Sind alles freiwillige Körperspender, deren Reste ins Krematorium überführt werden, nicht einfach auf den Müll geworfen. Ich habe mich selbst als Körperspender bereit erklärt, sagt die ehemalige Laborassistentin noch, mein Vater ist schon tot, er hat keinen Grabstein, was soll uns ein Grab, wir verrotten ja doch. Hier dagegen bleiben wir. Ich habe immer gewusst, dass es sich lohnt, hierzubleiben. Alle haben unseren Gunther auf dem Stadtfest beklatscht, wir erhalten Bestellungen von den Anatomien aus der ganzen Welt, auch aus islamischen Ländern, die dürfen doch nicht an die Leichen ran. Die Pokerrunde am Ende des Ausstellungsraums war im letzten Bond-Film zu sehen, vielleicht werde ich auch einmal in einer Skatrunde sitzen, Pokern kann ich nicht, soll aber gerade in Mode sein. So schwappt es durch die Räume, dass es einen taumeln lässt, längst habe ich Vater aus meiner Achselhöhle entlassen, er ist einfach herausgerutscht, soll er seinen eigenen Rundgang machen. Da hinten stellen sie rote Hähne her, indem sie ihnen erst den Körper bis auf die Adern entfernen und diese dann rot einfärben, am Ende entsteht daraus eine Schießbudenfigur, sieht aus wie eine Art Blüte, vielleicht ein Tulpenstrauß. Dass einen dieses Rot so unruhig werden lässt, erregbar vielleicht. Diese Tulpen tun weh, denn vor ihnen hat das mal geatmet, was nun ein Arrangement von etwas ist, das einmal geatmet hat. Kein Sauerstoff, den sie noch verbrauchen könnten, kein Morgenkrähen, kein geschwollener Kamm, kein Hahn auf dem Dach, sieht so das Bild von einem Hahn heute aus? Vater ist auch schon nebenan, es gibt etwas zu sehen dort (hier gibt es alles zu sehen, das ist es ja): einmalig, wie Krebs aussieht: anhand einer plastinierten Speiseröhre, die mit Tumoren zugewachsen ist. Krebs sieht ja aus wie weißes Fleisch, ja ist denn das Geflügel? Krebs überwuchert die inneren Körperöffnungen, informiert mich eine Frau mit Namensschild: Wie sie die Bauchdecke öffneten, und der Bauch war voller Tumore, überall weiße Kügelchen, die man zwischen zwei Finger nehmen konnte, wie eine Erbse vielleicht, ich weiß, wie du von innen ausgesehen hast, *Papá* –

Der genau das zu hören und zu sehen bekam, dass ihm beinahe die Augen übergingen, sehen Sie mal, sagte der Arzt und fächerte mit seinem Röntgenbild herum. Sehen Sie mal in Ihren Kopf hinein, überall weiße Kügelchen. Als lüden sie zum Billardspielen ein, nur dass die hier auf dem Bild schwarz aussehen und irgendwie abstrakt, sagte der Arzt und lachte, natürlich hat er nicht gelacht, die Ethik, verstehen Sie?

Für den Tod gibt es viele Möglichkeiten. Man kann an Altersschwäche sterben oder einen Unfall erleiden. Man kann seinem Leben selbst ein Ende setzen, wie man ebenso gut ermordet werden kann. Im Falle eines Krieges kann man als Soldat fallen oder als Teil der zivilen Bevölkerung sowohl des angreifenden als auch des angegriffenen Landes getötet werden. Man kann ohne fremde Gewalteinwirkung vor dem Alter sterben, vielleicht erleidet man einen Herzinfarkt. Oder man stirbt an einer der vielen Krebsarten, an Hautkrebs zum Beispiel. Es gibt mehrere Arten von Hautkrebs, zwei davon streuen nicht, der dritte ist der sogenannte schwarze Hautkrebs, der bildet Metastasen im ganzen Körper. Allen drei Arten kann man medizinisch beikommen mittels Chemotherapie, Bestrahlung, Operation. Kehrt selbst der schwarze Hautkrebs nach fünf Jahren nicht zurück, sind die Aussichten günstig. Er kann sich aber auch nach fünf Jahren pünktlich wieder einfinden, dann besteht keine Aussicht auf Heilung mehr. Der Krebs entwickelt sich immer weiter und streut seine Metastasen bis in den Kopf. In diesem Stadium kann die begonnene Chemotherapie nur wieder abgesetzt und von einer Schmerztherapie abgelöst werden. Der Patient erhält Morphium bis zu seinem Ende, die menschlichen Vorgänge setzen nacheinander aus, der Patient ist am Ende seines Lebens fast gar nicht mehr bei Bewusstsein.

Nächste Station: ein Schädel, der mittels aufgequollener Erbsen an seinen natürlichen Nähten gesprengt wurde. Im Anschluss daran befand sich ein ganzes Schädelkabinett, sah aus wie ein Massengrab der Roten Khmer. Als Letztes: ein Ausstellungsraum, darin der Kopf eines ehemals feisten Mannes mit Eunuchengesicht und roten Flecken auf den Schultern. An wie vielen Männern habe ich das schon gesehen? Ich hab mich da einfach an meinen Vater gewandt und ihn gefragt, wo bleibt denn da die Seele, er stand vor einem zerscheibten Gehirn, wo bleibt denn bei allem die Seele?

Was es ihm bedeutet haben muss, über sich Bescheid zu wissen und es niemandem zu sagen. Die Wahrheit ist so banal, wie die Erwartung an sie nie sein kann. Erzähl mal, munterte man mich auf, als ich den Schmerz zu spüren begann wie jemand, dem ein anderer langsam ein Messer im Fleisch umdreht.

Ein Ausgang schließlich, mit einem Souvenirladen, darin Filzpantoffeln aus Kirgistan, ein Nebenprodukt der dortigen Fabrik. Draußen ein Bassin mit einer ganzen Giraffe darin und drei Alligatoren und einem Faultier vielleicht.

Wie fängt ein Ende an, von dem man erst seit Kurzem weiß? Wenn man zu begreifen beginnt, dass man

Abschied nehmen muss und sich darüber schon der Verlust bestimmt, was bedeutet das? Einige Zusammenbrüche, die man lieber stillschweigend übergeht, weil man nicht weiß, ob man das Recht dazu hat. Ein Körper, der einem eine Weile lang wie auf Stelzen vorkam. Dass Schlafen auf einmal keine Erholung bedeutete, weil es nur in die Nacht verlagerte, was einem sonst am Tag geschah. Nichts, das eigentlich geschah, nur anerkennen ließ es sich, dass man bei fortgesetzter aufrechter Körperhaltung langsam vor die Hunde ging.

Schräg gegenüber der Fabrik: ein Culinarium, wo wir danach noch saßen. Bisher sind es siebentausend Körperspender und vielleicht dreihundert plastinierte Leichen. Gunther nimmt nie seinen Hut ab, weil er ein Unikat ist. Gunther erhält Zertifikate aus Amerika und eine Ehrendoktorwürde aus China, wir können uns gar nicht retten vor Aufträgen, sagen zum Abschied noch alle wie aus einem Mund, da gibt es schon eine Fabrik in China, eine in Kirgistan, eine in Heidelberg, und nun:

Ich habe meine Wange angeraut, damit niemand seine Hand darauflegen kann. Ich habe jahrelang keine Träne vergossen, die es hätte brennen lassen. Ich habe mir die Füße wund gelaufen und die Hände wund bewegt, bis Hornhaut zum Vorschein kam, dabei ist es dann geblieben. Mein Vater hat mich zurückgelassen, und deswegen bringt er mich dazu, mir zu wünschen, er hätte mich mitgenommen. Ich weiß, was das heißt, sich selbst zu genügen, ich weiß nichts anderes. Will ich einmal ablassen von mir, muss ich doch weiter handeln wie bisher: ohne Risse, vielversprechend glatt. So eine äußere Erscheinung. Wer den Satz gesagt hat, *Berührung ist nur eine Randerscheinung,* hat eine große Kälte akzeptiert. Stell dir vor: Etwas wird in Bewegung gesetzt und hört nicht mehr auf. Und nichts,

nichts davon wird jemals ablesbar. Gar nichts, denn aufgeschrieben kann es schon wieder als bewältigt gelten. Entwaffnet vielleicht. Wie sich das anfühlt im Körperinnern: Als wäre mein Kopf ein Feld voller Minen, und ich müsste sie alle sprengen. Als ginge ich unter die Halme, doch was von den Halmen übrig blieb, ist Stroh. Strohsterne am Himmel. Auf die Wunde leg ein Kraut, dann bildet sich Schorf: Fäden aus Fibrin wie Halme aus Stroh. In dieser Verlorenheit. Der Strick, an den ich mich hänge, beginnt gleich unterhalb meines Kopfes, ist mein Hals. Die Stricke der Gehängten sind aus Seilen gemacht. Den Hampelmann zieht man mit Stricken an wie jede Marionette auch.

Bilder, so viele Bilder, das könnten Albträume sein.

Aber mein Vater hat sich doch in mich gelegt. Aber er steht manchmal hinter meinen Augen und winkelt ihren Blick.

Man muss wissen, dass ich nicht mehr weiß, wie ich das vergessen kann.

Sehr vieles geschieht in Gedanken,
während man verharrt.
Aber die Gefühle täuschen einen nicht
über den Abgrund hinweg.
Was erlaubt es mir mit dem, was es
mir nimmt?

Die Störche sind zurück. Die Kraniche sind zurück, aber sie bringen keinen Frühling, nur Panik. Soll man das Kind Corona nennen oder besser Covid? *Sich paaren* bedeutet, man darf noch miteinander Zeit verbringen. *Bleiben Sie gesund!*, ist der neue Gruß. Er kommt schnell und fügt sich. Man soll sich selbst so verhalten, als wäre man inmitten. Geschlossene, ehemals glückliche Rudel ziehen Kreise um den eigenen Dunst. Die Wege dünnen sich aus und verwandeln sich in Rillen. Die Kinder zwitschern und machen alles mit. Am besten blähst du deine Backen und hamsterst jetzt, das ist wie Nüsse knacken, das gibt Emofett. Wir sperren unsere Seelen auf wie Rachen von Kuckuckskindern: Gebt uns Wärme, Menschen, Licht, wir werden sonst rachitisch! Das dehnt sich zur Würgeschlange und lässt uns zittern um die erschöpfte Amsel, die gerade ihre Zukunft verliert. Die kostenlosen Angebote blühen wie Kirschen. Das Netz glüht und windet sich zur Schlange. Die Sirenen klingen nicht mehr auf der Straße. Die Bäume entfalten sich stoisch, die Knospen senden weiße Signale; Glasfaserknospen als einziger Lichtblick, und alle Hormone feuern, hier ein Bruchstück, da ein Trieb, als würden Glühwürmchen tagsüber leuchten, und die ganze Welt beugt sich Covid. Das Wasser wird klar, die Luft sauber, das Geld knapp, der Streit schlimm, die Erschöpfung groß, die Verzweiflung wächst, die Knospen senden SOS. Man kennt die Angst nicht mehr, hat sie sich immer nur vorgestellt. Wir gewöhnen uns ans Verharren. Kinder gelten als Überbringer. Am Tag danach wirkt jeder Tag wie ungeschehen. Wir geben alles aus der Hand und ermahnen uns dazu. Für die Katastrophe, die noch kommt, verhalten wir uns erwartbar, und wir eilen ihr entgegen. Man sollte sich jetzt nicht trennen.

Jetzt ziehen wir ins Schneckenhaus.
Die Zeit weiß schon Bescheid.
Sie kennt sich aus sie weist uns ein
sie geht von Tür zu Tür und sagt
keiner darf mehr raus, bis ich vorüber bin.
Zieht euch zurück.
Sollen wir uns richten?
Wird es uns schützen?
Werden wir es schätzen?
Müssen wir zahlen?
Werden wir vermisst?
Wer holt uns ab?
Geht jemand vorbei und schaut nach?
Geht jemand vorbei und klingelt uns wach?
Schlafen wir da?
Wie sollen wir das wissen.

Liebe Kinder,

für euch ist das alles ein Spiel. Jedenfalls lasst ihr mich nicht spüren, dass die Beklommenheit, in der wir gerade alle leben, auf euch übergegangen ist. Mich hat sie erfasst, und ich bin dankbar für eure Unbekümmertheit, mit der ihr durch die Wohnung tobt, euch streitet, prügelt, spielt, esst, was ich jeden Tag koche, sagt, dass es euch wieder nicht ganz so gut geschmeckt hat, schlaft und dabei zuckt. Es ist nach wie vor dieselbe Inbrunst, mit der ihr weint, weil ihr euch ungerecht behandelt fühlt, und mir vorwerft, dass ich mal wieder einen von euch bevorzugt hätte. Tiefer geht eure Trauer nicht. Ihr seid jung, ihr seid wilde Wellensittiche, ihr haltet das durch und merkt nicht einmal, in welch einer Ausnahmesituation wir uns befinden. Womöglich werdet ihr, wenn ihr das irgendwann lest, euch an den Frühling erinnern, in dem ihr jeden Tag noch etwas später aufgestanden seid, in dem ihr Hunderte Hörspiele gehört und Filme gesehen habt, in dem wir Bärlauch gesammelt haben und am Fluss entlanggewandert sind, in dem ihr Inlineskates fahren gelernt und den Garten umgegraben und eure eigenen Beete angelegt habt. In dem ich euch erlaubt habe, stundenlang auf Bildschirme zu starren, weil ihr nur so eure Freunde treffen konntet. In dem ihr mit dem Tablet durch euer Zimmer gewandert seid, um euren Freunden etwas zu zeigen, oder es gleich ganz neben euch legtet, um gemeinsam an unterschiedlichen Orten zu basteln. Egal, was es war, was ihr neu gemacht habt, es erschien euch nie neu, sondern nur aufregend, ein Nächstes in der Kette der Erfahrungen und Erlebnisse, die man im Laufe seiner Kindheit ansammelt.

Ihr spielt, und ich huste. Ihr lasst mir keine Zeit, mir Sorgen zu machen, ihr habt mich sowieso schon ein paarmal grundimmunisiert, all die Infektionen, die ich mit euch hatte und die nur im Nachhinein zufällig ein Blutbild gekennzeichnet haben. Unauffällig bin ich mit euch durch die Krankheiten gegangen, habe nicht einmal bemerkt, dass es einmal Pfeiffersches Drüsenfieber war, erst Jahre später, beim Routinecheck. Schlimm war die Grippe, als ich mit einem von euch im Bauch dem anderen im Gitterbett des Krankenhauses zehn Tage dabei zusehen musste, wie wenig heilsam künstliche Ernährung ist, und nur der eigene Körper sich so weit erholen kann, dass er nach und nach seine Funktionen wieder aufnimmt.

Dieses Mal ist es anders, und dennoch bleibt es für euch ein Teil des Spiels, durch das ihr euch unbekümmert bewegt, und das sich Leben nennt. Ich bewundere euch dafür, denn mir fällt es gerade schwer. Ich simuliere euren Tag, indem ich ihn aus anderen Stücken neu zusammensetze, ich habe in Windeseile Rhythmen entwickelt, mit denen sich so anders leben lässt, wie wir es jetzt tun. Mich überfordert das. Mich überfordert das Überangebot an virtuellen Dingen, das jetzt von überall für euch auf mich einströmt, denn ich bin das Nadelöhr, durch das die Welt zu euch dringt. Mich überfordert die Notwendigkeit, mir täglich eine neue Mahlzeit auszudenken. Mich überfordert die Notwendigkeit, euch auszutoben, euch rege zu halten, euren Geist zu wecken, und ich bin für jedes Hörspiel und jeden Film dankbar, der euch nicht mir, sondern euch selbst überlässt. Ich kann kaum denken, nur alles aufrechterhalten.

Denn in meiner Welt, die Welt, die nicht durch mein Nadelöhr zu euch dringt, ist alles in Auflösung begriffen. Es gibt Begriffe dafür: *offen, dynamisch, auf Sichtweite.* Aber es bedeutet: *in Auflösung begriffen.* Und es lässt sich nicht vorausschauend begreifen. Nur aushalten. Es gibt keinen Alltag, aber für euch gibt es ihn und damit auch wieder ein bisschen für mich, denn so alt, dass ihr vorausschauend denkt, seid ihr noch nicht.

Jeden Abend rufe ich euch zusammen und erzähle euch, dass wir die Igelfamilie sind, und was tun die Igel, wenn's brenzlig wird? Sie igeln sich ein. Und dann üben wir das, bevor wir uns kitzelnd durchs Zimmer kugeln.

Und jeden Abend singe ich euch *Der Mond ist aufgegangen* vor, und noch nie ist es mir so nah gegangen, dass die Welt gleich einer stillen Kammer ist, wo ihr des Tages Jammer verschlafen und vergessen sollt, dass ihr nur nach oben zu sehen braucht, um den Mond zu sehen, rund und schön, obwohl nur halb. Dass wir manche Sachen früher verlacht haben, weil unsere Augen sie nicht sahen, und dass wir unsere Augen jetzt weiten müssen wie unsere Nasenflügel aus Mangel an Erlebnis, dass wir sie nur noch haben, um damit aus dem Fenster zu sehen, dass aber alles, was wir noch sehen, feste unumstößliche Tatsachen sind. Wir wissen gar nicht viel, wir jagen Luftgespinste und suchen viele Künste und legen uns am Abend nieder und bitten darum, von den Strafen verschont zu bleiben, und wir bitten nicht nur für uns. Ich singe es doppelt, einmal für euch und einmal für mich.

Liebe Emily,

wann hast du dich entschlossen, dein Zimmer nicht mehr zu verlassen und vorab das Haus? Den Garten nicht mehr zu betreten, Spaziergänge nicht mehr zu unternehmen? Die Menschen zu meiden und das Essen allein einzunehmen? Ab wann genügte es dir, durchs Fenster zu schauen und alles, was sich draußen abspielte, bereits vorher zu wissen?

Ich suche Rat, denn wir stehen kurz davor, in unseren Zimmern zu bleiben. Es ist keine Entscheidung, es ist zum Verzweifeln, und wir fallen darüber in stumpfes Brüten oder sind starr vor Angst. Was auch immer wird über uns verfügen.

Also sag mir bitte, ab wann wurden deine Wege kürzer und erschien dir das Naheliegende immer größer und wunderbarer als das, was dir unbekannt war? Ab wann hast du beschlossen, dir alles zu merken, was du kanntest, und es mit in dein Zimmer zu nehmen? In welchen Zustand hattest du dich damit begeben? Und wie gewöhnt man sich daran? Denn ich glaube, es ist besser, sich an etwas zu gewöhnen, als sich damit abzufinden.

Du, die statt wirklicher Begegnungen ein Netz aus Briefen um sich gesponnen hat, die dir eine Wirklichkeit ermöglichten, die selbstbestimmt war, bist ansonsten unverfügbar geblieben. Hast die Öffentlichkeit nicht gesucht und bist dennoch mit ihr in Kontakt geblieben. Dich trug dein Wissen, eine Entscheidung getroffen zu haben, und wenn sie auch nicht vordergründig war, war sie doch hintergründig radikal und maßlos souverän. Also lehre mich, ich bitte dich, lehre mich schnell, denn ich mache alles wie im Schlaf. Ich beobachte mich zwar dabei, aber fühle schon fast nichts mehr. Ganz mechanisch, aber kann man mechanisch leben? Woran soll ich meine Sehnsucht hängen?

Emily, bitte sag mir, wie hältst du es aus mit dem Schlafen, wie endet dein Tag? Was machst du mit den Gedanken, die abends anfangen, ihre Kreise zu ziehen, wie verbirgst du dich vor ihnen, wohin kauerst du dich, damit du ihren Augen entgehst, sind es nun Vögel oder Druden oder Harpyien? Welche Mulde, welche Höhle wartet auf dich? Selbst wenn ich schlafe, fühle ich mich wach.

In deinen Gedichten finde ich keine Angst, sie verfolgen interessiert das Geschehen, und auch die Briefe sprechen nie aus Ohnmacht. Ich mag nicht mal mehr verstehen, was ich lese, geschweige denn schreibe, wen geht es etwas an?

Ich dachte immer, dass ich zwar allein, aber nie einsam bin. Mein Tag fand auch vorher schon aus der Beobachtung heraus statt. Ich bin es gewohnt, aber nicht so, nicht in dem Wissen, dass wir alle müssen, wohin ich mich bislang freiwillig zurückgezogen hab. Nun hallt nichts mehr nach, kein Echo kehrt zurück.

After great pain a formal feeling comes, sagst du, nun sprich mir nach. Sag mir lieber, wie hältst du's mit der Nähe, läuft man, wenn man lernt, sich derart zu verhalten, nicht Gefahr, das Nahesein zu verlernen? Sind in dein Haus als bessere Möglichkeit unter widrigen Bedingungen die Gedanken eingezogen statt der Menschen? Tröstet dich das? Was holt es aus uns raus, wie werden wir werden müssen, um das zu überleben, werden wir Nachsicht üben oder wird es uns verhärten? Ich bin nur noch Hülle, Attrappe, um Leben darzustellen, um unter Laborbedingungen zu leben.

So gehe ich durch die Tage, bis ich irgendwann nichts mehr hören mag vom nächsten Tag. So blickt die Natur, mother earth, regretting mother earth or whatever you want, mit ihrem untoten Leben gleichgültig auf uns zurück, und ich muss nicht raten, ich kann es spüren, in wem der Abgrund liegt. Aber wo fängt er an, liegt er vor unseren oder schon unter unseren Füßen, und ist er einen Spalt breit oder eine Ewigkeit lang, und können wir ihn überspringen? Wie bist du damit umgegangen? Es sieht von hier so aus, als hättest du dich fallen lassen und dir den Abgrund zur Höhle gemacht, die du so lange erkundet hast, bis sie dir selbstverständlich war.

Sieh uns doch an, wie wir anfangs noch unsere Energien verschleudern, alles daransetzen, uns bemerkbar zu machen, und es dann allmählich nach und nach sein lassen werden, weil immer dichter an uns herantritt, dass es keine andere Alternative mehr gibt, als zu verharren. So wie die Pflanzen in Keimruhe fallen, die Tiere in die Winterstarre, die Bärtierchen in die Leblosigkeit, Leben auf Sparflamme, verharren, ausharren, bis wieder bessere Bedingungen sind, man kann alles überleben, auch das, und nichts ist vergebens!

Dies ist nicht die Zeit, sich zu schonen oder sich etwas vorzumachen. Man muss sich seiner selbst gewiss werden, um nicht außer sich zu geraten, sondern in sich zu wirken. Ich glaube, hörst du, ich glaube daran, dass wir uns daran gewöhnen können, das eine Weile zu ertragen, sodass es zu einem Teil unserer Entscheidung wird und dadurch entscheidend wirkt. Ich gehe in mein Zimmer und schlafe dort Nacht für Nacht, und die Nacht will nicht enden, aber jeden Morgen umfasse ich meine Gelenke und überprüfe Zeit und Ort und sage mir, wer ich bin und wofür ich da sein will.

Du musst keine meiner Fragen beantworten, jede Frage kennt ihre Antwort schon, und jede Antwort weiß um ihre Frage. Darum, Emily, sei mein Geist aus der Flasche, mein blauer Dschinn, mein Sesameröffnemirdas und sag es mir ins Gesicht, denk, um deiner Freiheit willen, denk dir was!

Liebe Simone,

wie man sagt, ist es vielen ein Bedürfnis, bei dir Rat zu suchen, warum dann nicht auch ich. Also frage ich dich, weil du den Mangel als Erfahrung verstehst. Zu welcher Gewissheit findet man, wenn alle Gewissheiten flüchtig sind? Kümmern wir uns, oder kümmern sie uns nicht?

Was ich sagen kann, ist, dass eine Katastrophe eingetreten ist.

Was ich sagen kann, ist, alle leiden gleichzeitig und zugleich unterschiedlich. Allen wird etwas genommen. Die Anspannung lässt sie sich verkrümmen wie eine zu straff gespannte Feder.

Allen Gedankengängen wohnt dieses Irren inne. Man kann die Wirklichkeit nicht verhindern, indem man eine Möglichkeit erzwingt, die der Wirklichkeit möglichst wenig entspricht. Die Zeit vergeht ja trotzdem, und sie weckt Bedürfnisse, sie lässt sie uns spüren. Schon sind wir nicht mehr in der Schockstarre, saugen nicht mehr jede Fallzahl auf, drehen uns nicht mehr ängstlich um uns selbst. Wir sind auch nicht mehr in der Verwandlungsphase, in der wir uns anpassen an die veränderten Lebensbedingungen. Die Katastrophe hat ihre erste Ausdehnung bereits hinter sich gelassen. Dass Zeit vergeht, lässt uns an sie gewöhnen. In den Nachrichten sind wir schon nicht mehr in ängstlicher Erwartung, sondern halten Rückschau. Wir erwarten, wieder aufzuleben.

Aber es wird dauern. Was über uns verfügt, ist von unabsehbarem Ende und wirkt sich aus. Die Dauer wird uns verändern, in Zukunft werden wir anders leben. Wir werden lernen, uns einzuschränken und mit dieser Willkür zu leben. Wir bringen sie unseren Kindern bei und ändern so die Zukunft, denn ihre Erwartungen an das Leben werden andere sein, als wir sie haben oder - besser - hatten. Vielleicht werden wir noch mal dagegen aufbegehren, aber schließlich werden wir uns daran gewöhnen. Wir werden aufmerksam sein statt selbstvergessen und versuchen, so wenig wie möglich zu berühren, damit nichts auf uns übergeht. Das wandert schleichend vom Körper in die Gedankenwelt. Wovor werden wir in Zukunft zurückweichen, woran lieber nicht denken, womit nicht in Berührung kommen wollen?

Ich bin nach wie vor erstaunt, wie schnell wir uns fügen. Wie wir der Tatsache ihre guten und schlechten Seiten abgewinnen, Facetten, in die wir uns kleiden, mit denen wir uns ablenken, durch die wir einander unterhalten. Man hat so viel zu erzählen, man fällt einander ins Wort, lässt sich kaum ausreden aus Mangel an Gelegenheit, man ist übervoll und läuft über. Wie sich behaupten, wenn der Gegner so diffus ist, dass er alles verändern kann, und es zur Grundlage unserer Ratio wird, sich ihm anzupassen.

Man bemüht sich um Vergleiche. Man offenbart sich öffentlich. Hofft auf das Echo geteilten Leids. Die Offenbarung hilft einem in die Rolle des Ratgebenden. Dabei weiß jeder das Gleiche. All die öffentlichen Äußerungen, nur um etwas zu sagen zu haben, etwas in den Raum zu geben, sich auszudrücken. Wenn man das beim Wort nimmt: sich ausquetschen, entleeren, den Speicher ausschütten in der Hoffnung, dass die unterirdische Quelle für Nachschub sorgt. Die Einbildungskraft ist unablässig um sich selbst bemüht. Die Selbstoffenbarungen verarmen, sie kreisen ums Leere. Selbst Briefe kennen keine anderen Themen mehr.

Genau so, würdest du sagen, offenbart sich der Mangel. Es wird zu nichts führen, nur sich selbst zu intensivieren. Nur Entbehrung lässt einen den Widerspruch fühlen.

Es braucht komplexe und ambivalente Gefühle, um das zu begreifen, wirst du fortfahren, die allein zur Schau gestellte Verzweiflung reicht nicht. Wer leidet, sucht sein Leiden anderen mitzuteilen. Das ist menschliche Mechanik. Verzweiflung, wirst du sagen, ist kein Mangel, Beschreibung ist kein Mangel, Sentimentalität ist kein Mangel, ebenso wenig wie ein Erweckungserlebnis. Sich vergleichen, Prophezeiungen aussprechen, vor dem Ende aller Tage warnen, ist kein Mangel. Vorauseilender Gehorsam ist kein Mangel, jedoch folgenreich für die Welt. Gefallen an Bestätigung, die Zufriedenheit mit dem Erreichten, Bewunderung und das Verlangen, verstanden zu werden, ist Scheinerfüllung anstelle des Mangels.

Tipps verschleiern ihn, Verschwörungstheorien nutzen ihn, Utopien übergehen ihn. Der Mangel wird wandern, sich an immer neuen Stellen offenbaren und dabei immer wieder verwandeln. Wenn wir denken, wir sind seiner ledig, hat er uns bereits an sich gewöhnt. Dadurch, dass er sich uns entzieht, bleibt er an uns kleben, sodass wir ihn bald als Makel empfinden, und dann Gnade uns, denn wenn der Mangel zum Makel wird, gibt es kein *uns*, nur ein *wir* und *die*.

Geht der Mangel in unsere Verhaltensweisen über, haben wir verloren, denn dann haben wir uns auch an das gewöhnt, was fehlt. Aber so dürfen wir nicht werden, sondern wir müssen die Leerstelle empfinden und uns trösten mit dem Bedürfnis nach dem, was fehlt.

Deshalb brauche ich es mehr denn je, dass mich jemand anspricht, damit mein Räderwerk nicht stillsteht. Also frage ich dich, weil du den Mangel als Erfahrung verstehst. Wo die Energie finden für ein Tun ohne Gegenleistung? Wo ist der Kippmoment, ab dem aus Mangel Fülle entsteht? Was ist Trost, wenn nicht, ein Missverhältnis zwischen den Bedürfnissen und den Gegebenheiten zu empfinden und der Sehnsucht eine Richtung zu geben? Sich dazuerfinden, was es braucht, um den Mangel auszuhalten. Da fehlt etwas, aber es gibt auch eine Möglichkeit, die ich mir vorstellen kann, ich kann mir ausdenken, was fehlt.

Man darf den Mangel nicht übergehen.

Man muss ihn lassen.

Und seine Wirkung erfinden.

Lieber M.,

du hast mich gebeten, dir zu erzählen, wie Schreiben mit Kindern geht. Sagtest, du würdest das gern lesen. Das gibt mir Grund, es dir zu erzählen. Danke für dein Interesse, es hat einen Zustand zum Gegenstand meiner Aufmerksamkeit gemacht, sodass ich ihn betrachten kann. Vorsichtshalber sehe ich in dir meinen idealen Leser. Jemand, der Struktur und Gefühl auseinanderhalten kann und sich nicht dran stört, wenn beides zusammenfällt.

Seinen Zustand als Gegenstand zu betrachten, ist eine zweischneidige Geschichte. Es leuchtet nicht nur die Höhle aus, sondern auch den, der sieht. Einiges mag dir bekannt vorkommen. Das liegt daran, dass ich nichts Ungewöhnliches am Schreiben mit Kindern erkennen kann, nur Außergewöhnliches. Besonderheiten, erzwungene Spontanitäten, Überforderungen, Ermüdungserscheinungen und Ängste. Doch der Reihe nach.

Wir beide wissen, dass man als Schriftsteller sein Leben doppelt führt. Man geht den Anforderungen des Alltags nur nach, um schreiben zu können. Man hält ihn aufrecht, tritt aus ihm und schreibt. Mit Kindern rutscht das Schreiben in den Alltag zurück. Die mühsam arrangierte Doppelhelix unterläuft sich. Am Kopf des Tisches sitzen jetzt die Kinder, sie bestimmen die Rituale, verfügen über die Zeit und steuern die Aufmerksamkeit. Es gilt für sie zu sorgen, von Geburt an für den Rest des Lebens. Das sind keine Romanfiguren, die man als Fragment in der Schublade verschwinden lassen kann.

Zwar lässt sich das Schreiben weiterhin aufrechterhalten. Aber das Gefühl dafür ist weg. Es verfliegt, weil es keine Zeit mehr gibt, es zu entwickeln. Keine Rituale, kein Bewusstsein einer Selbstwirksamkeit, die einen begleitet wie der Autor seinen Erzähler. Eher die Durchreiche zwischen Küche und Esstisch. Ich weiß, was ich tue, wenn ich schreibe. Mit den Kindern tue ich es nur noch.

Eigentlich arbeite ich konzentrisch. Von einem Punkt ausgehend, formt das Schreiben Kreise ähnlich der Bewegung des Wassers um einen Stein, der hineingefallen ist. Umgekehrt wird der Punkt, zu dem ich gelangen will, eingekreist. Aber immer häufiger zerstreut es sich, setze ich etwas aus Fundstücken zusammen, die nicht mehr als Splitter sind. Schreiben kann bedeuten, man tritt in Abstand zur Welt und findet bei klarer Sicht Abstraktionen heraus. Nur kann ich nicht mehr zur Welt auf Abstand gehen, um die Wörter zu betrachten, die für die Tatsachen stehen, denn ich muss sie permanent gebrauchen und in ihnen handeln. Ich sehe sie an wie etwas, zu dem ich nicht gelangen kann, ich komme kaum noch dazu, sie als Rohstoff wahrzunehmen, geschweige denn in ihrer Geschichte. Sie müssen geläufig bleiben, sonst funktioniert der Alltag nicht. Das episodische Gedächtnis wie auch das Handlungsgedächtnis wachsen, alles andere wird schwächer. Erinnern wird mühsam, die eigene Kindheit verschwindet. An ihre Stelle tritt eine andere, die der Kinder, die gegenwärtig ist. Für das Denken bedeutet das: kein Nachsinnen, eher Vorausschau. So entstehen Texte, aber ich bin ihnen nicht nah.

Früher war meine Wahrnehmung so unbegrenzt, dass sie das Schreiben auch behindert hat, weil es bei aller Offenheit kein Nadelöhr mehr gab, durch das die Sprache ging. Die Frage nach dem Kanal stellt sich nicht mehr, wenn es allein darum geht, ihn aufrechtzuerhalten. Als müsse ich ständig durch den süßen Brei, der meine Sinne verklebt. Wer kommt nach Hause und sagt: *Töpfchen, steh still*? Meine Kinder sind die, die das Zauberwort kennen, das ich so brauche. Ich kann mich kaum beherrschen, sie aber bestimmen Zeit und Dauer. Vieles, was vorher freiwillig war, ist nun in seiner Unfreiwilligkeit derart strukturiert, dass man dessen Poetik nicht entrinnt. Eine Poetik aus der Not heraus, nicht anders zu können, eine Haltebucht, eine Durchhalteparole, bis wieder bessere Bedingungen sind.

Mir brechen die Sätze ab. Mitten im Satz. Die gesamte zweite Wirklichkeit bricht einfach weg. Für Momente habe ich keinen aktiven Zugriff auf meine Sprache mehr, auf das ganze innere Register (im Sinne Jakobsons). Ich kann mich nicht mal mehr an meine Gedanken erinnern, und dabei braucht es eine winzige Zeitspanne an Verzögerung, um Gedachtes in Schrift zu überführen. *Aufgeschrieben* bedeutet doch, etwas ist schon gedacht. Immer ist es dieser Moment der Vorausschau, der auf einmal fehlt. Man erkennt es daran, dass ich meine Sätze nicht zu Ende führe oder Wörter in ihnen fehlen, die bestimmende Satzglieder sind. Die Zeitspanne für konzises Denken ist häufig zu kurz für einen komplexen Satz. Auch ohne Unterbrechung höre ich immer wieder mit dem Denken auf, störe mich selbst, muss mittlerweile damit arbeiten, mich gestört zu fühlen.

Es gibt Ein- und Ausschreibphasen. Man denkt ans Schreiben, bevor man es tatsächlich tut. Man sucht sich seinen Platz, liest sich ein, bereitet sich vor. Wartet auf den

Ton im Kopf. Setzt dann erst an. Zwischendurch hält man inne, denn der Schreibprozess ist selbstwirksam, Gedankengänge brechen nicht einfach ab. Etwas schwappt immer nach.

Das ist vorbei. Ich breche immer ab. Die Schreibphase endet abrupt, unterbricht den Gedankengang, als führe sich die Maschine hoch, nur um kurz darauf abgestellt zu werden. Schön wäre es, jeden Tag etwas zu schreiben, das hält geschmeidig. Mit Kindern geht das nicht, tagelang nicht. Schrecken sie nachts aus dem Schlaf, bin ich wach. Rufen sie, hört jegliche Arbeit sofort auf. Sind sie krank, sowieso. Denke ich auch nur ans Schreiben, und sie rufen nach mir, hört auch das sofort auf. Ständig Störgeräusche. Liegen in der Luft. Richten mich ab. Dass ich mich verhöre. Mich selbst nicht mehr höre. Was ich sage, ist egal.

Man gewöhnt sich daran. Man lernt sogar dazu. Ich sortiere dorthin, dahin, für später, für irgendwann. Immer ist es ein Irgend, niemals mehr etwas Bestimmtes. Langwellige Arbeitsphasen gibt es nicht. Ich lege mir überall Platzhalter an. Abschweifen gelingt kaum. Ich lerne auch, mich in Verzicht zu üben. Das ist von Vorteil, wenn man seine Darlings killt. Ich kann, weil es bedeutungslos geworden ist, stets ins Schreiben zurückkehren, an welchem Ort, mit welchem Gerät auch immer. Nur besitzt es keine Ästhetik mehr. Die Notizfunktion des Smartphones ist nicht schön. Ich kann zudem leicht Zusammenhänge wechseln und ohne Umstände an einer ganz anderen Stelle, mit einem anderen Text weitermachen. Ich notiere, ohne zu entwickeln, nur um festzuhalten. Demzufolge fehlen die Verknüpfungen, und ich muss als spätere Arbeit mehrere Notate zusammenfassen. Dadurch kann aber auch zusammenkommen, was vorher nicht gedacht worden ist.

Die Fäden, die das Denken herstellt, verknüpfen sich anders. Kausalität folgt anderen Ursachen. Sinnhaft wird, Dinge wiederzufinden oder Tagesabläufe im Voraus zu kennen, sodass sie geräuschlos ablaufen. Den Tag in seiner Mosaikstruktur zu begreifen und ihn vorherzusehen, das Bild in Gänze zu entwickeln und es dann nach und nach im Laufe seiner zeitlichen Struktur zusammensetzen. Ich plane den Tag, und dann führe ich ihn aus, damit es klappt wie am Schnürchen. Schnurrrad. Ich lerne spinnen. Ich laufe alles in Gedanken ab, von Punkt zu Punkt, und so wie die Gedächtnisweltmeister sich Inhalte an imaginierten Wegstrecken ablegen, lege ich Handlungen ab. Ich fahre die Kinder auch im Kopf. Ich bin nie ganz bei mir, meine Umrisse liegen in ihnen. Mein Aufmerksamkeitsspeicher ist von Anfang an voll.

Es sind zwei Wirklichkeiten, die stets einander überfallen. Ich kann nie in beiden sein, und die Spurwechsel knirschen. Es gibt keine Gleitzeit, nie. Alles ist mühsam ausbalanciert und fragil. Jeder neue Gedanke bringt das Gefüge ins Wanken. Etwas nimmt den Platz für etwas anderes ein, weil es nicht genug Raum für Gleichzeitigkeit gibt. Alle paar Monate vergesse ich für ein paar Tage meine Geheimnummer, dafür fällt mir etwas ein.

Es gibt mich kaum noch.
Ich nehme mir nichts vor.
Ich arbeite ab.
Ich denke nicht mehr nach.
Ich bin nie aufnahmebereit.
Ich bin nicht mehr genau.
Ich schreibe alles auf einmal.
Ich spule ab.
Ich hetze da durch.

Ich hetze mich ab.
Ich höre immer zu früh auf.
Ob das fürs Schreiben von Vorteil ist?
Es sieht nach erhöhter Produktivität aus und ist doch nur Reflex.
Die vorsortierten Punkte abgrasen.
Das Übersehene einsammeln und in neue Zusammenhänge setzen.
Fetzen und Flicken verknüpfen: Flickenteppich statt Teppichtibet.
Auch eine Art, um die Ecke zu denken.
Ich laiche Worte ab, die sich um sich selbst zu kümmern haben.
Ich halte nur sehr kurze Enden in der Hand für sehr wenige Verknüpfungen.
Ich bin gut organisiert, sagen andere.
Das Schreiben bleibt unauffällig, ich strahle es kaum aus.
Andere nennen das unkompliziert.
Eigentlich hintergehe ich meinen Beruf.

Meine Sinne sind gedämpft, meine Aufmerksamkeit gering. Gedanken kommen nur langsam voran. Die Bewusstseinsschwelle ist dadurch allerdings nicht mehr so hoch, dass Reflexion sofort eingreift und die Wahrnehmung verzerrt. Die Dämme sind niedrig wegen der pausenlosen Tätigkeit, so bricht eins ins andere fraglos ein. Ex negativo kommen die Ideen, übersteigen die aus der Erschöpfung heraus niedrige Aufmerksamkeit. Auf seltsame Weise dringt auch der zersetzende Zweifel nicht mehr so einfach durch. Ideen werden wahllos. Gibt es dadurch mehr Zufälle? Frag mich besser nicht, woher die Ideen kommen, sondern wie.

Ich bin pragmatisch geworden. Ich habe Dinge zu Ende gebracht, Bücher zu Ende geschrieben, die mir davor ins Fragment entglitten waren. Sie quasi auf den Boden der Tatsachen geholt, weil die Kinder mich dort ebenfalls halten. Keine Metaphysik, die Welt hängt in Tatsachen zusammen.

Es ist eine andere Schreibkompetenz, flüchtiger, über die ich nicht nachdenke. Deswegen kommt mir auch das Reden darüber wie eine sinnlose rhetorische Geste vor, wenn man doch nur die Zeit hat, den Text zu schreiben, sonst nichts. Auch das mag damit zusammenhängen, dass mir das Gefühl der Selbstwirksamkeit völlig abhandengekommen ist. Ich kann daran nichts Schlechtes erkennen. Ist es denn so schlimm, wenn man zu müde für sein eigenes Lamento ist?

Seit Jahren sorge ich für meine Kinder. Ich habe in der Zeit Bücher geschrieben. Ich gewöhne mich ständig neu. Ich habe nie Zeit, mich an etwas Neues zu gewöhnen, es wird immer von mir eingefordert. Ich habe diese Anpassungsleistung schon ein paarmal hinter mich gebracht. Ich tue nichts mehr freiwillig. Ich telefoniere kaum noch. Ich schreibe niemandem mehr. Mein Aufmerksamkeitsspeicher ist jeden Tag voll. Ich bin äußerst gut darin, Dinge wiederzufinden. Ich kann Handlungen und Tätigkeiten wie Puzzleteile aneinanderfügen und trotz vergehender Zeit miteinander verbinden. Ich erinnere mich nicht mehr an das, was ich tue. Ich bin sentimental. Vor allem sentimental. Und müde. Ich bin gefühlsarm. Ich bin erschöpftes Gefühl. Ich will nichts von Bedeutung sagen. Ich mache nur. Ich will meine Kinder großziehen. Lasst mich in Ruhe. Ich bin permanent unzufrieden. Glaub mir nichts. Ich widerspreche mir ständig. Ich halte diese Widersprüche aus. Ich will eigentlich gar nicht reden. Schreiben ist nichts Besonderes mehr. Ich bin in allem unzuverlässig, nur in der Versorgung der Kinder nicht. Ich brauche wenig zum Leben. Meine Hauptaufgabe ist, dass der Wille nicht erlahmt.

Ich bin schnell geworden, sehr sogar. Ich treibe alle Ideen gleichzeitig voran, denn die Störgeräusche haben mich gelehrt, stets woanders weiterzumachen. Ich hüpfe und bin das Sammeltaxi für das, was bisher gewartet hat, ich bin das Später und die Spur dahin. Ich sammle alles ein, was wartet, ich bin die geschwungene Bowlingkugel und räume die Bahn ab, ich werfe die Güter auf den Pick-up. Wohin es geht, ist nebensächlich. Sammle ein, was du gefunden hast. Für ein späteres Wofür. Ich kümmere mich nicht mehr um die Spur, die es legt. Ich bin, was die Spur hinterlässt, ein Perpetuum mobile, der Topf die Mutter das Kind und der süße Brei, in permanenter Wiederholung. Ich breche ab, nehme auf, fahre fort, bin der Moment, in dem Vergangenheit und Zukunft sich zum Punkt verdichten und abdriften, die reine Gegenwart, vollkommen gegenstandslos, gleichgültig gegenüber dem, was entsteht; ich bin die Struktur, die sich selbst nicht sieht, ich mache Wörter, wie ein Regenwurm sich fressend durch die Erde schiebt. Und meine einzige Aufgabe ist, dass der Wille nicht erlahmt.

Ich bin kein Puzzletyp, also ist diese unfreiwillige Poetik auch nichts für mich. Ich halte immens am Schreiben fest, aber ohne das Schreiben wäre nur das Schreiben vergebens. Es ist mir nicht völlig die Fähigkeit abhandengekommen, über irgendetwas zusammenhängend zu denken oder zu sprechen. Ich bin Stückwerk gewohnt.

Briefe schreibe ich schon lange nicht mehr, so ist niemand um eine Antwort verlegen. Die hier entstanden allein aus dem Bedürfnis heraus, mir über die Geschehnisse klar zu werden, noch während sie geschahen, und das geht besser, wenn man wenigstens so tut, als würde man sich an jemanden wenden. Überhaupt ist mir, als sähe ich meinen Gedankengängen auf einer Leinwand zu, ohne Einfluss zu nehmen, ich sehe zu, wie sie über die Leinwand gehen und verschwinden. Dinge lassen sich nicht mehr ohne Weiteres zueinander in Beziehung setzen. Gedächtnislücken, die entstehen. Gedanken, die mir gerade kamen, treten nur kurz auf und gehen gleich wieder. Auf Dauer wird Kleidung egal und gehen die Attribute aus. Was fehlt, ist eine abgeschlossene Situation, die ich vor Augen habe.

Wenn draußen nichts passiert und das Innere in Aufruhr ist, lädt das die Träume mit Handlungen auf. Schließlich geschieht sehr vieles in Gedanken, während man ausharrt und schnell lernt, sich daran zu gewöhnen. Die Gegenwart ist nicht wiederzuerkennen, und gleichzeitig spürt man plötzlich einen Abstand, als würde das Erleben als Erlebnis wahrnehmbar, als sähe man dem Jetzt dabei zu, wie es später einmal erinnert werden wird.

Da waren die abgesperrten Kinderspielplätze, die geordneten Schlangen vor der Bäckerei, Kreidekreise auf Wiesen, Masken aus Stoff und ihre floralen Muster, anfangs noch aus Baumwolle oder Seide (antibakteriell), bald schon mit eingesticktem Silberfaden, irgendwann nur noch weißes FFP2, bevor auch das wieder farbig wurde, alles beispielhaft und schon längst überholt. Dabei kann es sein, dass man sich kaum an diese Zeit erinnern wird. Es ist das Jahr, das nicht stattfand. Nicht mal seine Beobachtung, nicht mal die Selbstbeobachtung. Fast wie eine zweite Art kindlicher Amnesie, nach der man mit sieben alles vergessen haben wird, was vorher gewesen war. Für immer unvorstellbar, was man mit sieben alles vergessen haben wird, weil kein Vorstellungsraum bleibt von all dem, was man dann schon nicht mehr weiß. Was wir erleben, lässt sich nicht vergleichen, erstmals seit langer Zeit ist kein *Woran erinnert uns das?* möglich. Und es sprengt auch noch jede Erwartung, die uns geläufig ist. Aber wie erinnern wir uns später an die Angst, die wir empfanden? Was erinnert uns an die Angst? Woran hat man denn die ganze Zeit gedacht?

Ich dachte, es genügte, Angst zu haben, sie war, was ich am besten konnte, was ich ausdrücklich kannte, was ich am ehesten besaß, was ich nie zu beweisen brauchte. Ich dachte, es gehörte dazu, Angst zu haben, sie ließ nur keine Nähe zu. Aber dann kam sie über uns, und auf einmal war wirklich keine Nähe mehr da. Und ich erkannte sie nicht wieder.

Der Schock lässt sich kaum noch nachvollziehen, er kam und ging. Was bleibt, ist die Erinnerung an ein paar Wochen in ängstlicher Erwartung, die zu Tagen wurden, und dann eine lange Zeit, in der das Erwartete eintrat und die Erwartungen überholte. Dieser Zeitraum hält an und erfüllt alle Befürchtungen, aber nacheinander.

Es gab verschiedene Phasen nach dem Schock. Zuerst kam die Motivation, standzuhalten, sie hielt recht lang, trug geradezu durch die erste Zeit, und wurde dabei unterspült von einer bodenlosen Erschöpfung, gefolgt von einer Angst, die mir den Boden unter den Füßen wegzog, als wäre ich im Treibsand. Ich verlor meine Souveränität, dafür übernahm die Gegenwart und machte mich zu ihrer Larve. Ich wurde zum Klon, eine Art Hülle als Informationsträger. Schaukelte mit der Welle an Neuigkeiten, handelte nicht mehr, nahm nur noch schematisch wahr. Die Gedanken vergrößert wie Pupillen bei Dunkelheit. Es war unmöglich, sich anders zu verhalten, auch weil mir das Zeitgefühl völlig abhandenkam, nichts wanderte mehr ab in vergangene oder zukünftige Gefilde, alles bestand auf Präsenz. So, das wusste ich schon von den Malen davor, ereignen sich Traumata.

Im Schock zieht man sich zurück. Nur die notwendigsten Wege, nur die nächsten Angehörigen und Freunde. Eher phatisch die Kommunikation: *Wie geht es dir - auch so?* Dann kann man die Lage überschauen. Ist in einem selbst alles geklärt, beginnen wieder die Wege, und man hakt ab bzw. beginnt vorauszudenken, um zu überbrücken, was man nicht glauben kann. Lieber gleich das ganze Jahr in die Tonne kloppen, das macht es erwartbar. Für jede Situation die möglichen Verluste vorhersagen. Sein Testament machen. Das ist, was man für sich vorhersehen kann. Das sind Strategien der Angst.

Erster und zweiter Zeitraum beginnen sich bald zu unterscheiden. Nun schon eher verängstigt als gespannt, eher müde als im Kampf, eher bereit zu ergreifen, was nach einem Strohhalm aussieht. Eher bereit zu fragen, was man denn noch darf. Und nicht mehr genug Selbstvertrauen, dass es nur eine Zeitlang gilt. Es schleicht sich ein in die vegetativen Prozesse, die Reizreaktionen, die Gewöhnung setzt ein, Gewohnheit nimmt das Heft in die Hand. Als ginge einem die Währung aus, dabei muss man immer mehr erwerben. Was deutet sich als beschaffbar an, Masken, Impfungen, Tests, sofort stellt sich die Bereitschaft ein, vorzusorgen. Wie ein Sack, der durchlöchert ist und aus dem das Wasser rinnt. Wie eine Regenrinne mit Loch. Etwas fließt ab und zerstreut sich und mich, die ich kaum noch etwas in Gedanken fassen kann. Kaum kann ich etwas behalten, fasse ich einen Gedanken, verflüchtigt er sich. Ich habe kein Ziel vor Augen, keine gerichtete Bewegung. Ich fasse nichts ins Auge, ich fasse nicht in Gedanken nach, ich fasse es nicht in Sprache. Eher ist meine Aufmerksamkeit verschüttetes Wasser.

Kommt es überhaupt noch zu einem anderen Verhalten? Noch üben wir uns in sehnsüchtigen Erzählungen, stecken Fähnchen in die Zukunft und machen also das Gegenteil der Gedächtnisweltmeister, wir packen unsere Hoffnungen ein und gehen sie in Zukunft ab, damit wir uns daran erinnern, wie es sein kann. Wenn es wieder geht, werden wir Nachtzug fahren nach Paris, sagen wir den Kindern und zeigen ihnen den Nachtzug von innen im Internet. Wenn es wieder geht, wandern wir durch die Hohe Tatra. Aber wir überlegen uns beizeiten, welche Möglichkeiten es noch geben kann, um etwas aufrechtzuerhalten, was sich nicht mehr erfüllen lässt, weil es mit unseren Wünschen nicht mehr übereinstimmt. Hinzu kommt das grausame Vorab-Loslassen: Ich plane nur noch als ob, ich erhalte Einladungen, für die ich Visa brauche, die ich beantrage, obwohl daraus nichts werden wird und ich letztlich bleibe, wo ich bin, ich plane Treffen doppelt, weil ich an das eigentliche Treffen nicht glaube, ich bringe immer schon die Alternative mit ins Spiel, die dann übernimmt. Und das strukturiert sich und das Leben dann nach und nach um. Das Gegenteil erzeugt sich von dem, was man will.

Die Hoffnung schwindet dann. Hoffnung als Schwundstufe. Sich einrichten in der Zeit ohne *danach*, selbst der Konjunktiv ist nichts, worauf man sich freuen kann, sondern eher etwas, das erfüllt werden muss: wenn – dann. Womöglich, auch das ist eine Konjunktivfalle, geht es auch nur darum, einen zeitlichen Vorsprung durch die Sprache zu erlangen, der sich offenbarte in den Wellenbewegungen der Pandemie. Als nähme man eine Erkenntnis wahr und wartete darauf, dass sie ankommt. Seltsame zeitliche Verschiebung, etwas wird erwartbar, aber wir warten ab. Aus der unerträglichen Wirklichkeit in die Möglichkeit springen, die später und woanders ist, die Wirklichkeit also auslassen, und wir wären nicht mehr einzuholen, wären als Schildkröte gestartet und überholten am Ende Achill, allein durch den Konjunktiv.

Das hielt mir mein Lebensgefühl vor Augen, nun wurde es zum Zeitraum aller. Von nun an konnte ich vergleichen. Das Gefühl, nicht ganz am Leben beteiligt zu sein, in Beziehung setzen zum Gefühl, das gerade allen die Gurgel verengte. Meine und die Katastrophe umgaben einander, hielten einander, ein Strickleiternervensystem, eine Efeuranke, etwas, was es allein nicht geben kann. Als würde die Zeit doppelt oder als würden zwei Zeiträume ineinanderfallen oder einander umspielen wie beim DNS-Strang. So ähnlich hatte ich das schon mal in einem Film gesehen, wie etwas allen widerfährt, aber man selbst ist in einer anderen Lage. Wie diese Frau in dem britischen Film über die Stadt, aus der ich komme, zur Wendezeit ihren erwachsenen Sohn pflegt. Die Wende ist mir egal, sagt sie lächelnd, aber mein Junge läuft nicht. Alle meine Kinder laufen, nur dieser nicht. Diese Erfahrung kommt häufiger vor, als man denkt. Man ist anders gebunden, die Neuronen sind schon besetzt.

Ich begann, meiner Tochter im ersten Winter unserer Zurückgezogenheit die *Borger* vorzulesen, das sind die kleinen Wesen, die unbemerkt mit uns zusammenleben und uns dazu bringen, etwas zu verlieren, ohne es zu bemerken. Das borgen sie sich, und davon lebten sie dann. So hielt ich uns beisammen. Was tut man denn anderes, als die Augen ein Stück weit zu verrücken und zu gucken, worauf sie starren. Was wäre, wäre der Regen warm? Was wäre, wäre der Tod ein einzelner Finger und dein Maskengesicht dessen Nagel?

Ich wartete ab, bis alle in der Wohnung schliefen, und sprach dann ins Telefon. Setzte mich dafür nicht an einen Tisch, sondern kauerte mich hinter die Kommode in die äußerste Ecke des Zimmers, weil darin Abgeschiedenheit lag. Nahm von dort Texte auf, in denen die Abgeschiedenheit in meiner Stimme hörbar war. Das war der einzige Ruhepol, und er wirkte verbindend. Das war, wie ich noch zu erreichen war. Das war der Punkt, wo jeder mit sich selbst spricht, wo man sich zwar zuhört, aber niemand sonst. Wo man sich vor sich selbst eingesteht, was sich nur schwer sagen lässt, wo man Wesentliches begreift. Wo man mit sich ehrlich ist. Das ist der Ort, an dem die Sprache in sich übergeht und man den Zusammenhang spürt. Das ist eigentlich unhörbar.

Mir schien auf einmal inmitten all der Angst, als könne ich darüber sprechen, was mir längst widerfahren war, weil es plötzlich keiner Offenbarung mehr gleichkam. Es fühlte sich zum ersten Mal natürlich an, dass es eine Erfahrung gibt, die hilflos machen kann. Und dass man sich daran ebenso anpassen kann. Erfahrung ist etwas, das man macht. Erkenntnis ist, was man als Wissen erwerben kann. Zum Begreifen kommt es dagegen immer erst danach. Begreifen heißt, etwas zu verinnerlichen und demgegenüber die Tatsachen stehen zu lassen. Dieser Prozess lässt sich nicht abkürzen, nur zurückverfolgen.

Früher wird zu einem Sehnsuchtswort. Im Moment nimmt es seine größtmögliche Ausdehnung an. Nicht nur was wir früher taten, sondern auch wie es sich anfühlte. Früher, als das Wünschen noch geholfen hat. Den Wunsch gibt es weiter, aber man kommt nicht mehr hin. Der Wunsch wird zu einem Ort in der Zeit, aber die Verbindung ist gekappt. Das ist eine Verkehrung der Tatsachen, denn im Gegensatz zur Sehnsucht nach einem Kindheitsort, den man nicht mehr erreichen kann, ist dieses Früher eigentlich nur ein anderer Ort in der Gegenwart. Aber dieser Ort wandert in die Zeit ab, als das Zusammensein noch unbeschwert war. Das ist das Dilemma.

Was gibt es einem auf? Dass sich von der Vergangenheit her keine Folge in die Gegenwart mehr ableiten lässt, weil wir in einer Zeit der Veränderung leben, vielleicht. Sodass *früher* zur Inkluse wird, zum Sediment, zum Kohleflöz. Zum Gallenstein. Das Früher bläht sich auf, das Jetzt übt Druck auf das Früher aus, zwei Ballons, bis sie platzen. Ab hier müsste die Vorstellung übernehmen, nicht mehr die Erinnerung.

Früher, als wir alle noch schwelgten in Erinnerungen, die man nun als verloren betrachtet, darum mit Sehnsucht verbindet. *Früher* als Lorenz'sche Pappfigur, diesem Früher gegenüber werden wir alle zu Küken. Vielleicht hat es uns nicht gejuckt, als es noch zugänglich war, aber seit es aus der Erfahrung verschwindet, laufen wir ihm hinterher. *Früher* ist das ganze Gegenteil von *Frühestens*, immerhin gehört es uns noch, wenn auch in der Erinnerung. Dagegen, wenn etwas frühestens wieder möglich wird. Das ist uns aus der Hand genommen, ist ein *ab dann*, kein *seitdem* mehr. Der Blick geht in die andere Richtung, man hat aufgegeben und passt sich der Ödnis an, die sich in der Vorstellung ausdehnt. Was haben wir nur gedacht den Sommer über? Dass der Sommer dieses Jahr nie enden würde?

Noch mehr kleine Wörter schließen sich dem *früher* an und werden spürbar. Noch einmal so reisen, so entscheiden, so unbefangen sein wie damals. Hier steigt die Fieberkurve der Erwartung wieder, aber der Abstand verringert sich nicht, ähnlich wie zwischen Achill und der Schildkröte. Sie ist immer schneller, einfach nur, weil er später aufgebrochen ist. Noch eins und noch eins rückt nicht näher ran. *Ich war noch niemals in New York* kehrt als billige Sehnsucht und Zustandsbeschreibung vielleicht schneller zurück, als du glaubst. Noch glaubst du daran, dass du bald deinen Fuß in den feinen Sand drücken wirst, dass du auf einem Gipfel erst zum Stehen kommst, dass du sehen willst, wie die Welt so ist, so wünschst du es dir für deine Kinder, denen du sie zeigen willst. Plötzlich wieder zeigen willst, nicht wirst.

Wenn ich das hier überlebe. Ein Wenn ohne Dann, das Dann erscheint nicht einlösbar, es umkreist immer das Wenn, als trüge ein Gefangener eine Kette und bewegte sich immer nur im Kreis, kein Fortgang. Kein *danach* mehr, die Folgen sind nicht absehbar. *Wenn ich das hier überlebe*, ist zeitlos, es hätte nur zur Folge, dass es danach noch eine

Welt gibt, in der man leben kann. Wenn mir etwas passiert, was wird dann aus den Kindern?

Es wird zur Folge gehabt haben, dass keine Feste mehr möglich gewesen sind, wenn Möglichkeiten gleich immer in die Zukunft geschoben werden, um von dort aus darauf zu schauen, dass sie Möglichkeiten geblieben sind. Was kann die Grammatik nicht alles für Verrenkungen anstellen, um etwas nicht geschehen zu lassen. Die verstreichende Zeit erst macht die Folgen sichtbar, und das immer zu spät.

Es wird zur Folge gehabt haben, dass dann Futur II übernimmt. Es werden Schäden eingetreten sein, es wird zu erwarten sein, es wird so gewesen sein. In die Zukunft springen, um hinter sich zu lassen, was bis dahin geschieht. Damit es jetzt schon geschehen ist und man es wenigstens in der Grammatik nicht erst durchmachen muss. Denken wie von einem anderen Stern, komm, wir ändern einfach das Bezugssystem, mit der Zeit gewöhnst du dich dran. Die Folgen am besten überspringen, um auf sie als etwas Überwundenes zu blicken. *Bis Ostern, bis zum Sommer, bis Weihnachten, nicht vor Ostern, im Sommer vor dem Herbst, ab Herbst,* der Zug, der in den Tunnel fährt, der Zug, der aus dem Tunnel kommt, die Folgen sind nicht abzusehen, alles wandert immer weiter weg, wandert ab, treibt an, wird nicht mehr erreichbar, kaum dass es an der Zeit ist, ist es schon wieder zu spät dafür, die Feste verschwinden ins Nichts, und selbst als man wieder teilnimmt, steht man seltsam daneben. Es wird Folgen nach sich ziehen. In der Dichotomie zwischen Belohnen und Bestrafen ordnen wir uns der Bestrafung unter, erwarten den nächsten Schlag, feuern die Neuronen, reckt der Cortisolspiegel sich in die Höhe, zeigt stolz seinen Hahnenkamm. Jetzt schon Vorhersagen für den Herbst treffen und den Herbst dem Jetzt einverleiben. Das führt dazu, dem Jetzt keinen Raum zu geben, als wollten die Schulen lieber nicht öffnen, weil es doch wieder zu Schließungen kommen wird. Eine gefährliche Kausalverknüpfung, weil die Gründe, die in der Zukunft liegen, als Ursache antizipiert werden. Denkt man so, geht man nicht mehr mit Problemen um, sondern erwartet sie. Nichts wird mehr, die Wirklichkeit verflacht, es gibt bald nur noch eine Wirklichkeit und keine Möglichkeiten mehr, wenn das so weitergeht.

Irgendwann denkt man dann in jedem Sommer nur noch an die Vorkehrungen für den Herbst. Andersherum ist schon wieder Spargelernte und es rührt sich nichts in einem. *Schon wieder Frühling* statt *immer wieder kommt ein neuer Frühling.* Das *schon* geht eine unheilvolle Verbindung mit dem *wieder* ein. Dass etwas wiederkehrt, löst keine Freude mehr aus, man geht an den Blumenläden vorbei. Die statische Zeit hat mich fest im Griff, ich bin so in ihrer Ausdehnung gefangen, dass ich den wiederkehrenden Ereignissen nur begegne, sie mir quasi auf Abstand halte. Wieder, ja, aber nicht zu meiner Freude, sondern schon wieder irgendwie zu früh, vor der Zeit, ich bin gar nicht so weit, weil ich vergeblich kreise. Es ist, als hätten die Dinge und ich die Rollen getauscht, und ich bin es, die stets wiederkehrt, so sehr in meiner Schleife, dass nichts damit mithalten kann.

Wieder brach er bei dem Nachbarn ein – Sofort hat mich die Zeile im Griff, als trüge sie Klauen. Um von ihr loszukommen, muss ich sie Wort für Wort nachvollziehen. *Wieder* ist ein kleines Wort, unveränderlich in jeder Beziehung, nicht zu beugen, zu dehnen oder zu strecken oder sonst wie zu verändern zugunsten einer Situation. Im Wieder schwächt sich nichts niemals ab. Wieder wie ein Wiederholungstäter? Etwas geschieht wieder und wieder und übt seine Macht gegenüber denjenigen aus, die hilflos dabei zusehen müssen.

Brach ein, das Verb hilft weiter, gibt Kenntnis von dem, was schon geschehen ist und wieder geschieht. Ein Einbruch als Akt der Gewalt, jemand lässt etwas mitgehen, jemand anders erleidet Schaden - an sich außergewöhnlich und darum einmalig, doch das *wieder* rammt es gleich in die Wiederholung und deutet den Zusammenbruch an, der folgt, wenn etwas wieder und wieder geschieht, sich unabsehbar fortsetzt, einbrechen, einbrechen, eingebrochen sein. So setzt die Tat wie das Erlebnis Ohnmacht frei, wer tut einem das an? *Er* ist es, der Täter, kein Gelegenheitsdieb, liest man nur weiter, wird der Täter schnell zum Tod. Wiederholt betritt er das Dasein und holt sich den nächsten, abrupt und vor der Zeit. Kein ersehnter oder gütiger oder friedlicher gar schöner Tod, wie man manchmal noch sagt, eher ein Akt der Gewalt, erbarmungslos.

Bei dem Nachbarn, jemand anderes, jemand, der noch leben wollte, kein Mitglied der Familie, kein Freund, kein Wahlverwandter, jemand, den wir zufällig, vielleicht auch gar nicht kennen, nur wissen, dass es ihn gibt, und an dessen Stelle jeder treten könnte, ein jedermann, aber er lenkt den Blick. Aus dem Fenster heraus nimmt wieder jemand wahr, was vor aller Augen geschieht, ist dazu verdammt, zuzusehen, die Augen vollgesoffen mit dem, was man dabei fühlt. Wieder kein Seufzer, eher ein Fluch, man fühlt sich übergangen und wird darüber bitter. Es liegt etwas wie Neid in dem Blick, aber aus welcher Situation heraus neidet man einem anderen den Tod?

Das Wort, das sich am Ende auf die erste Zeile reimt, sie aufnimmt und zugleich beschließt, heißt *Verlassensein*, und hier liegt der unentwirrbare Kern des Gedichts, sein doppelter Ort. Vor Augen habend, wie etwas zu Ende geht, spürt man, was einem endlos fehlt.

Darin liegt unser ganzes gegenwärtiges Dilemma. Während etwas wieder und wieder brutal zu Ende geht, erhöht es noch das, was einem fehlt. Der Tod geht mittlerweile durch die Häuser und setzt denen, die noch leben, die Pistole auf die Brust. All unsere Pläne gegen ihn fruchten nicht, er kommt in Wellen, als Krimineller und wirkt darin anonym, es ist nicht verlässlich, nicht vorhersehbar, unbekannt lässt er uns mit der Frage zurück nach denen, die gerne leben wollen. Zweifach bindet er unsere Energien ab und sorgt für Unglück. Nimmt die einen mit und lässt die anderen trostlos zurück. Wieder und wieder Verlassenheit, schon eine Art Eigenleben, nicht mehr zu trennen vom Dasein. Bist du denn von allen guten Geistern verlassen? Jedenfalls sind keine guten Gefühle übrig nach einer schon so langen Zeit, es kommt zu pathogenen Reaktionen, man *zerkaut* sein Verlassensein. Das ist zu einer zähen Masse verklebt, die einen teert und pecht. Hat man Pech gehabt als Übriggebliebener in der Einsamkeit, in die wir uns alle zurückgezogen haben aus Angst vor dem Unbestimmbaren. Hat man Pech gehabt, hat man auch keine guten Gefühle mehr, die man füreinander aufbringen kann, kein Mitgefühl, stattdessen Neid, Missgunst, argwöhnisches Beobachten. Der Blick verengt sich auf das Naheliegende, den Nachbarhof, die Tiere. Zeichnet der Tod sich ab, wird er nur noch beäugt, denn so zeigt sich endlich, was als bedrückende Last auf allen liegt. So verkehren sich die Bezüge. Der Tod wirkt verkehrt durch den Neid auf seine Endgültigkeit, die im Gegensatz zur unbestimmbaren Dauer eigenen Leids erscheint. Inmitten unserer Gegenwart versinnbildlichen sich die widerstreitenden Gefühle, benennt sich die Einsamkeit aller, die zum Ausharren verurteilt sind, denn auch sie erleiden die Gewalt. Wir sind sterblich und nicht sicher darin. Nur das ist sicher. So lässt einen das Gedicht, grausam zu sich selbst, mit der Frage zurück, wie wir leben wollen und gerade leben müssen. So hat es mich heimgesucht.

Christine Lavant
[Wieder brach er bei dem Nachbarn ein ...]

Wieder brach er bei dem Nachbarn ein,
und ich hatte Tür und Fenster offen,
meine Augen waren vollgesoffen
wie zwei Schwämme vom Verlassensein.

Dumm verknäulte sich in meinem Mund
Schluchzen, Bitten und verbohrtes Drohen,
während drüben schon die Hühner flohen
samt der Katze und dem alten Hund.

Doch er kam nicht, nahm sich wieder nur
einen, der noch gerne leben wollte,
und die Monduhr, die verrückte, rollte
meine Stunde rasch aus seiner Spur.

Bitter trocknen mir die Augen ein,
bitter rinnt der Schlaftrunk durch die Kehle,
bitter bet' ich für die arme Seele
und zerkaue mein Verlassensein.

Petition der Kunst

Komm wir holen uns den Tod.
Wo er wohl warten mag?
Holen wir ihn ab?
Kauft man ihm was ab?
Ob er uns überrascht?
Surfen wir auf seiner Welle?
Ist er süß oder so?
Sind wir riskant?

Lasst uns aufbrechen zur Dokumentation der Leere, lasst uns den Weg beschreiben, um festzuhalten, was fehlt, was so entsetzlich abwesend ist!

Lasst es uns in Beziehung setzen, es währenddessen ins Gedächtnis eintragen, das sind Dienstreisen! Lasst uns reisen, um wieder auf Abstand zu gehen zur Welt, um sie endlich wieder wahrzunehmen, dafür sind wir da! Lasst uns Texte darüber schreiben, lasst uns Bilder davon malen, lasst uns Musik draus machen! Seht euch doch die Zugbegleiter an. Stehen bei jedem Halt an der Luft gut voneinander getrennt und drehen sich in alle Richtungen, wenden sich allem zu als Choreografie der wenigen, die gerade beweglich sind. Wie die voneinander isolierten Zutaten eines Frühstücksbüfetts unter ihren Folien einen erwarten: zwei Scheiben Käse, zwei Scheiben Wurst. Das

Elementare liegt uns auf der Zunge, das Schwerwiegende lockert sich. Gebt uns Gelegenheit zum Reden. Was berührt die Leute so an der Panik?

Sie übersteuert die Wahrnehmung.
Sie überzeichnet die Empfindung.
Die Straßenbahnen fahren leiser, obwohl sie wie gewöhnlich fahren.
Die Sirenen wirken nicht auf den leeren Straßen.
Die Balkone werden sauberer.
Die Streamingdienste ruckeln.
Die Verwaltung bittet.
Die Menschen gehen raus, solange sie noch dürfen.
Die Wege dünnen sich aus.
Die Gründe auch: zum Einkaufen, zum Sport, zum Arzt.
Menschen hamstern gleich, Länder hamstern unterschiedlich.
Es gibt Bäckerschlangen.
Es gibt Mundschutzselfies.
Die Verwaltung bittet um kochfeste Baumwollsachen.
Ab wann lässt man jemanden sterben?
Wie oft ändern sich dafür die Kriterien?
Wenn man sich nichts vornimmt, schafft man was.
Jeden Tag Warten, dass da noch was kommt.
Nur abends und nachts bleibt alles beim Alten.
Immer dieselben Bewegungen kurz vor dem Schlafengehen.
Immer noch sich waschen, die Haare auskämmen.
Immer muss erst das Licht ausgehen.
Sag deinen Kindern erneut jede Nacht *Gute Nacht*.
Selbst wenn die Welt nicht mehr dieselbe ist, ereignen sich Liebesgeschichten.

Anfangs war ich gierig nach Neuigkeiten. Jetzt will ich sie verschieben. Mein inneres Alleinsein deckt sich mittlerweile mit dem äußeren. Ich habe jetzt schon genug von allen öffentlichen Tagebüchern. Ich bin in allem, was ich schreibe, unter meinen Standards. Was mir zu schaffen macht, ist, dass ich mich nicht konzentrieren, dass ich nichts wahrnehmen kann. Als nähme sich die Welt dann auch nicht wahr.

Normalerweise trete ich in Abstand zur Welt und beobachte sie aus den Augenwinkeln, ohne dass sie etwas merkt. Nun aber sind wir alle gleich in diesem zäh dahinfließenden Strom gefangen, und es ist nicht mehr davon auszugehen, dass etwas wert ist, erzählt zu werden. Die Relevanz ist nicht mehr spürbar. Man wird träge, der Reflex zu reflektieren nimmt ab. Mir fehlt das Gefühl der Selbstwirksamkeit meiner Arbeit. Ich kann die Wirklichkeit nicht beobachten, weil alle gerade gleich in ihr sind, ich kann mir unter der Hand keine andere Wirklichkeit bilden, aus der heraus ich die eine verdichten kann.

Ich bin ehrlich, ich zerstöre mir gern in Gedanken regelmäßig vorher alles selbst, damit kann nichts mehr so zerstörerisch auf mich einwirken wie ich auf mich, das eröffnet Perspektiven. Erst hat man Angst vor dem, was kommen könnte. Dann geschieht, wovor man Angst hatte, und die Angst löst sich auf, zerschmilzt wie Blei beim Blei- oder – besser – Wachsgießen, und ab dann macht man mit. So ist das, während man lebt. Man versucht, einen Umgang damit zu finden. Alles, was noch funktioniert, wird am Laufen gehalten. Der Rest verschwindet schnell in der Vergangenheit. Nur manchmal bricht das Wissen in sich zusammen. Zu wissen, den Abstand holt man nicht mehr auf. Zu wissen, dass für immer die Tage fehlen. So etwas kommt in Wellen, erst ziehen sie ruhig über die Wasserfläche und türmen sich dann zum Ufer auf und überschwemmen einen.

Sezier also die Angst, die dumpfe, die einen von vornherein zurückschrecken lässt und stumpfsinnig macht. Die Angst, die tief in einem sitzt und nur darauf warten muss, dass sie gespürt wird. Unterscheide sie von der eingetretenen, sich bestätigenden, bewahrheiteten Angst, nach der man ruhig ist wie im Auge des Orkans. Dagegen die helle Panik, die aus einem schießen würde wie Blut an der richtigen Stelle des Körpers, oder wie die kochende Wassersäule aus dem Strokkur auf Island. Die nackte und die bloße Angst, weil man in die Ecke getrieben ist. Die Inkluse, zu der sie gerinnt und zu der man keinen Zugang mehr hat, die man aber wie in eine Vitrine gestellt betrachten muss. Alles nur Metaphern als Deutungsversuche einer Hoheit. Angst als Sensation. Wie ein dünner Blutfaden schimmert sie durch die Halsschlagader. Angst, die ich wittere, von jedem Ereignis sehe ich nur die Halsschlagader, aber die ist blau, nicht rot.

An welcher Stelle macht einen das auch souverän? Angst als hellsichtige Eigenschaft, fast eine Utopie. Wenn dir die Hände nass werden und dabei kalt bleiben, bist du bereit.

Schau dir die Situation an, in die du gerätst. Das kennst du. Du hast schon einen Umgang damit gefunden. Und du bringst Kenntnisse mit. Es wird nie wieder so wehtun wie beim ersten Mal. Es ist schon mal so ähnlich da gewesen, wenn auch nur für dich. Du hattest Umgang mit der Katastrophe, ihr habt euch einen Umgang angewöhnt, den ihr pflegt. Wenn die Blumen vertrocknet sind, bleibt das Wasser in der Vase stehen. Es nimmt nicht weiter ab, wird nicht mehr verbraucht. Jetzt darfst du das erleben, was du immer schon gefühlt hast, weil es allen so geht.

Es ist wie eine Desensibilisierungsstrategie, eine Art Denksport, sich vorzustellen, was alles noch bis zum Ende möglich ist, und trotzdem geht in deinem Kopf bei jeder neuen Fallzahl die Sirene an. Das macht, dass du dir immer das Schlimmstmögliche vorstellst, um den Moment der Gewissheit abzukürzen, vorwegzunehmen, die Zeit zu hintergehen. Und dann sage dir mit aller Vernunft, was alles wiederum nicht stattfinden wird, weil es gar nicht alles ständig geschehen kann. Aber man hat Erwartungen an das Schlimmste, und nie verlässt einen das Gefühl, etwas bahnt sich an oder nimmt an Fahrt auf, nimmt womöglich nur einen kurzen, kaum vorhersehbaren Anlauf.

Vorerfüllung wäre auch nur eine Strategie dagegen. Am besten hat man das, was in der Luft liegt, schon gehabt, ohne es genau zu wissen, nur damit es überwunden scheint und man sich der Unsicherheit nicht stellen muss. Am besten war man also schon infiziert, auch wenn es sich erst im Nachhinein feststellen lässt. Ich war am besten schon krank, nur nachweisbar ist es nicht, aber so, wie ich es mir zurechtgelegt hab, glaube ich daran und bin über den Berg der Angst, denn die Verunsicherung liegt dann nicht mehr vor mir, sondern ist bereits Vergangenheit. Kann gut sein, ich habe es schon gehabt, ja dann?

So sitzen wir vor schlechten Nachrichten und lassen uns durch sie beschäftigen, merkwürdig beruhigen. Die Erwartung erfüllt sich, die Prophezeiung bestätigt sich, es gibt eine Abwärtsspirale. Ich kann nicht aufhören, das wieder und wieder zu schauen, all diese *Winter-is-coming*-Meldungen, ja, er kommt, aber er kommt ja jedes Jahr, nur dieses Jahr wissen wir, wenn wir das sagen, dass er nicht gnädig mit uns umgehen wird.

Es sind zwei Zeiträume, die sich begegnen, *bis jetzt* und *von jetzt an*, aber erst danach wird es erlebbar. Als wäre man über ein Loch gesprungen und allen Einbildungen entkommen. Bis dahin muss man die Zeit absitzen und sie aushalten in all der Zeit, die es braucht. Auch Angst ist ein Gedankengang, mit dem man umgehen kann. Wenn sie sich erfüllt, ist sie nicht mehr da. Ist das eingetreten, wovor du Angst gehabt hast, wird dir das erst klar. Traut man sich nichts zu, kommt man besser mit dem Stop-and-go der Zeit zurecht. Geht alles und dann wieder nicht? Kein Problem, wenn man auf seine Erwartungen nichts mehr gibt. Im Moment ist alles offen. Besser, du gewöhnst dich daran.

Als sich vor Jahren einmal die Tür zum Obduktionsraum öffnete, wich ich zurück. Zu groß war der Schock, zu viel sah ich auf einen Blick. Vor mir lag eine verkohlte Leiche, und ich roch sie parallel dazu, dass ich sie sah. Dann begann der Pathologe mit der Arbeit, und während er der Gruppe sein Tun erklärte, verwandelte sich die Szenerie, denn ich gewöhnte mich daran. Es war eine Sache von Minuten, bis ich ihm aufmerksam zusah, ich nahm die Einzelheiten seines Tuns als immer selbstverständlicher wahr, und als er den Bauchraum öffnete und das Darmpaket herausholte, weckte der Geruch, der damit einherging, in mir Erinnerungen an die Zeit, als ich mit meiner Großmutter Hühner rupfte und sie anschließend an den restlichen Kielen über einem umgestülpten Eimer, auf dem Gas entzündet war, versengte. Es war der gleiche Geruch. Ich fing an, das, was gerade meine Grenzen verschoben hatte, zu vergleichen mit dem, was ich kannte, so gewohnt war es mir schon geworden. Was uns Schockmomente überstehen lässt, hat also mit Gewöhnung zu tun.

Schnell passt unsere Wahrnehmung sich an, nur eine kurze Zeitverzögerung, ein Loop, und wir reden ganz anders als vor Wochen, als die Katastrophe noch ein Gespenst war, das gerade in China zur Welt kam. Wir hörten von Quarantänen und Abriegelungen und verdrängten interessiert den Gedanken, es könne uns erreichen. Wir hörten von ersten Fällen in Italien und verharrten in spezieller Angstlust, es könne mit den Skiurlaubern zu uns kommen. Wir kannten kaum die Angst davor, dass es uns erreichen könnte, schon war es da. Es übersprang Kontinente, lief von Land zu Land zu Bundesland, und war irgendwann auch in unserer Stadt. Wir gewöhnten uns an Quarantänen, an Schließungen, an Absperrungen, und wir richteten uns ein, wir gingen damit um, obwohl wir nicht mehr tief schliefen, aber wir gewöhnten uns daran und passten unser Verhalten an.

Wir wanderten von Neuigkeit zu Neuigkeit, und mit jeder Gewöhnung schien das vorher Unerhörte selbstverständlicher zu werden. Im Fokus unserer Aufmerksamkeit stand die Katastrophe, die noch kommen würde, so, als wäre sie schon da, wir verhielten uns erwartbar danach und eilten ihr entgegen. Wir gaben alles aus der Hand, wir ließen unser gesellschaftliches Dasein ruhen, wir gaben die Kultur auf und ermahnten uns sogar dazu. Wir handelten vorsorglich. Wir gewöhnten uns an Absagen so sehr, dass wir sie erwarteten. Wir sorgten vor, wir kauften ein, wir zogen uns zurück. Wir gewöhnten uns daran, und mit der Gewöhnung gewöhnt sich auch die Vorstellungskraft. Wir sind schon nicht mehr ganz so, wie wir vorher waren, schauen irritiert Filme an, in denen es zu Menschenansammlungen kommt oder man sich umarmt. Drehen gleichzeitig Filme, in denen schon die empfohlenen Abstände zu sehen sind. Ersatzhandlungen, durchaus vorstellbar, wir finden Auswege, aber jede Veränderung unserer Gewohnheiten bringt auch etwas zum Verschwinden, was vorher selbstverständlich war. Das geschieht beiläufig, denn auch unsere Vorstellungskraft passt sich an, niemand sitzt ein Jahr danach noch wie das Kaninchen vor der Schlange. Dieser Blick, das augenscheinliche Entsetzen, taucht erst wieder sehr viel später auf, wenn es einen zeitlichen Abstand gibt zu unserem Verhalten und die Kunst sich wieder traut, Fragen zu stellen jenseits einer Choreografie des Alltags. Man gewöhnt sich an den Krieg in der Ukraine, man spricht nicht mehr über ihn, sondern über Preise und das kalte Frühjahrswetter. Man denkt nicht einmal mehr an einen Krieg in Europa. Man legt sich Platzhalter an, die wie Teppiche ausgebreitet werden, sich aus Gewohnheit über die Tatsache breiten, dass sich an den Grenzen mehr und mehr Truppen versammeln. Aus Gewohnheit werden wir ignorant. Allein das kalte Frühjahr erstaunt uns, daran waren wir schon nicht mehr gewöhnt.

Man passt sich schneller an, als man denkt, auch an die widrigsten Bedingungen. Aus Gewöhnung wird eine Gewohnheit, und dann hat das Erzwungene den Status des Wesenhaften erreicht und legitimiert sich, indem es sich in seiner Zeitgrammatik verschiebt. Gewöhnung dauert an und bleibt an die Gegenwart gebunden, sie ist noch ein bemerkenswerter Zustand, eine Art Partizipienspielraum. Erst *habe ich mich daran gewöhnt*, und dann bin ich es *gewohnt*. Der Zusammenschluss mit *haben* signalisiert immerhin noch Aktivität, hier wird etwas getan, ist noch etwas in Bewegung. Beim Anschluss mit *sein* ist es schon ins Dauerhafte gekippt. Schließlich ist es zur Gewohnheit geworden, meiner Gewohnheit nach, aus Gewohnheit. Ab dann wird es wesenhaft, und man hört vielleicht auf, danach zu fragen, aufgrund welcher Umstände man sich an etwas gewöhnt hat, sich etwas angewöhnen, sich umgewöhnen muss. Man lässt die Vorannahmen fallen.

Aus Gewöhnung wird also Gewohnheit, ein seltsames Wesen, aber wirkungsmächtig. Was wir alles schon gewohnt sind: nicht mehr zu planen, nichts mehr zu unternehmen, nichts mehr in die Hand zu nehmen, sich nicht mehr zu berühren, keine Feste mehr zu feiern, keine Ereignisse zu zelebrieren. *Wenn es wieder geht* ist dann nur ein anderer Ausdruck fürs Abwarten, Verharren, Aushalten. Man kann sich auch vertrösten: *Bald* wird es wieder gehen. Ebenso verfährt die Floskel *einigermaßen*. Auch sie passt sich an und wandert mit. Ich bin einigermaßen damit vertraut. Es geht uns einigermaßen gut. So gesehen wächst der Spalt zwischen *seit* und *immer*. Man kann die Lücke in die Zukunft nicht mehr überspringen. Ginge denn überhaupt noch ein anderes Verhalten?

Es gibt Tage voller Zeichen. Da springen morgens schon Radfahrer dem Bus vor die Räder, weichen ihm wie kaum angefahrene Katzen aus und verwandeln sich im Laufe des Tages in Unfälle. Als staue sich etwas an und entlade sich dann. Zum Beispiel auf der Fahrt nach Rostock, um die Kinder in Sicherheit zu bringen, weil die Zahlen dort niedriger sind und man annimmt, dass das Virus jetzt vermehrt in die Kinder dringt. Auf der Gegenspur ist plötzlich ein Unfall zu sehen. Das heißt, zu sehen ist er nicht wirklich, nur zu erkennen anhand der Rettungswagen, die nach und nach eintreffen. Unsere Spur läuft weiter, wir registrieren nur, wie in der Gegenrichtung alles ins Stocken gerät, wie es sich anstaut und sich ein leerer Raum auftut, das Vorher. Kurz ist zu sehen, wie das Leben es sonst gewohnt ist, fortzufahren. Aber ein Unfall hinterlässt eine Lücke, das Ereignis dazu ist schon wieder unsichtbar, man weiß nicht, wie es dazu kam, man sieht nur, dass etwas geschehen ist. Das Drama des Unfalls bleibt seltsam still, nur die Sirene hört man, als müsste sie das bornierte Leben übertönen, um denen, die plötzlich still geworden sind, ein Geräusch zu geben.

Es erinnert mich an eine ähnliche Situation im Bus nach Kopenhagen, wir sind gerade erst von der Fähre runter, als der Bus plötzlich hält. Der Stau ist so kurz, dass man das Blaulicht erkennen kann. Auf Bitten eines Reisenden öffnet der Busfahrer die vordere Tür, der Mann läuft, so schnell es geht, zum Unfallort. Auf Bitten anderer öffnet der Fahrer auch die hintere Tür, mehr und mehr Menschen schlendern dorthin, wo es blinkt. Der Busfahrer spricht von einer Tragödie und findet schließlich einen Weg, den Unfall zu umfahren. Kann sein, der Mann ist hingelaufen, um zu helfen, schließlich ist er als Einziger gerannt. Diejenigen hingegen, die geschlendert sind, wollten die Tragödie aus der Nähe sehen.

Man kann dem Drang der Schaulust nicht entkommen. Er ist immer zuerst da, es erfordert Anstrengung, sich nicht zum Menschenauflauf zu gesellen, obwohl blaues Licht blinkt. Den anderen hat es erwischt heißt auch, man selbst hat überlebt. Schaulust gab es schon immer, sagen die Rettungskräfte, aber mittlerweile nimmt das überhand. Dabei reicht für den Anfang der Rettungskette schon der Impuls, sich so zu verhalten, dass man die Helfer bei der Arbeit nicht stört. Das Blaulicht choreografiert die Autos, sodass sie einscheren, sich einschränken, eine Spur freigeben, die unsichtbar unter den anderen Spuren liegt und nur im Notfall hervortritt. Einige wenige Regeln, die gerade dann gelten, wenn sonst nichts mehr gilt. Mittlerweile reicht das eben nicht.

Hast du die Zeichen nicht gesehen, fragt man sich. Zeichen, die erst im Nachhinein etwas bedeuten, auf die man die Katastrophe zurückführt, somit den Zufall ausschaltet, das führt zum Raunen. Berühmtestes Vorzeichenreservoir: die Apokalypse, die Offenbarung des Johannes, in deren Becken sich einiges sammelte, sowie, etwas älter, die biblischen Plagen. Tote Blaumeisen, Buschfeuer in Australien samt den toten Koalas, den humpelnden, verbrannten Kängurus, die wie schmale Mumien im Outback herumlagen. Hatte das nicht etwas zu bedeuten, verwies das nicht auf uns zurück? Die Elefanten, die auf einmal tot um ihre Trinklöcher lagen, die Fische, die bäuchlings im Wasser schwammen, die eingefallenen Flanken der Flüsse und die darin auftauchenden versunkenen Schiffe, die in sich zusammensackenden Berge, die baumlosen Hänge. Das sind keine Vorzeichen mehr, sondern schon Anzeichen. Die ersten Bilder von Särgen, abtransportiert in Armeewagen, die Bilder von Särgen in Folien gewickelt, in Krematorien gestapelt. Das sind schon keine Anzeichen mehr, eher Zeigezeichen. Wie ein Brand verläuft die Seuche, mal flammt sie auf, mal lodert sie, und hat sie sich fast verzehrt, flackert sie doch, schon besiegt geglaubt, wieder auf. Nur Abstand entzieht dem Feuer die Nahrung, Masken bremsen die Viren, die sonst wie Funken neue Feuer entfachen. Es wird dieses Jahr zu Weihnachten keine Misteln geben. Das ist dann symbolisch.

So müsste man denken, könnte man meinen. Aber die Veränderung wird erst bei fortwährender Betrachtung sichtbar, die Zeichen machen nichts offenbar. Eher ähneln sie schadenfrohen Tiervideos, die ich immer in der Warteschlange bei der Post zu sehen bekomme, um mich abzulenken, und die nur meine Schaulust beflügeln. Als wäre ich ein Wirt und die Katastrophe ein Parasit und das Ganze auf der Suche nach einem Verlauf. Mit der gleichen Sensibilität, mit der wir gebeten werden, Katzenvideos im Internet zu liken, mit der gleichen Gleichgültigkeit stellen wir Fotos und Videos ins Netz und schauen dabei zu, wie ein Mann aus sicherer Entfernung eine Familie in der Hoffnung filmt, dass die Menschen in den zugefrorenen See einbrechen. Als das Eis tatsächlich nicht trägt und zuerst die Mutter und dann der Vater im Wasser landen, hört man ihn triumphieren: Hörst du, wie sie schreien?

Noch jede Katastrophe galt sofort als *beispiellos*. Tatsächlich existieren Listen, in die sie eingespeist wird, und unabhängig davon, wo die Katastrophe sich ereignet oder einsetzt, zieht jedes Land schnell den Vergleich und fragt nach eigenen Risiken. Dadurch verschiebt sich der Blick. Damit wird die Katastrophe zu einer Hypothese. Nicht von der Katastrophe betroffene Länder gehen in ihrer Berichterstattung schnell zur Verwendung des Konjunktivs über. Könnte etwas Ähnliches auch bei uns geschehen? Es folgt in Bezug auf Atomkraftwerke der Hinweis, dass auch in Deutschland Erdbeben möglich sind und für eine mögliche Beschädigung der Reaktoren allein die Erschütterung vor Ort, nicht die Stärke des Bebens selbst maßgeblich ist. Das heißt, ein Atomkraftwerk im Rheingürtel kann, selbst wenn es einem leichten Erdbeben ausgesetzt ist, starken Erschütterungen unterworfen werden. Das verschleiert, dass man sich eigentlich nicht mehr daran erinnern kann, wie es sich ereignen wird.

Tritt die Katastrophe ein, werden alle normalen Mitteilungen mit ihr verbunden. Sie wird zum Hintergrund für alles. Von vielen Orten gleichzeitig ausgehend wird auf das Unglück geblickt, bildet sich ein Strahlenkranz aus Fokussierungen, die Katastrophe erscheint im Spotlight und wird als Einbruch einer anderen Welt belichtet. Man ist noch ganz im Bann und beendet jede E-Mail mit spezifisch eingefärbten Grüßen: Bleiben Sie gesund! Haltet durch! Wir werden das überstehen. Es werden bessere Zeiten kommen. Betet für uns. Vergesst uns nicht.

Man könnte sich berauschen daran, und wenn man ehrlich ist, hängt man am Nachrichtentropf. Es ist live und in Echtzeit, es ist die ganze Gegenwart, unser Bewusstsein hat sich vom Ort unseres Körpers abgesetzt und empfindet woanders. Irgendwann geht die Berichterstattung von der Information ins Erzählen über. Es gibt den Tag danach oder die neue Normalität. Parallel dazu bürgert sich das Präteritum ein. In den ersten Tagen danach findet sich auch der Erzähler und wird die Katastrophe langsam, aber sicher zu einer Geschichte, hinter der sich weitere Geschichten sammeln, von Wundern im Unglück und dem Weiterleben.

Es ist das Gesetz von Neuigkeiten, dass sie vergehen. Andere Themenschwerpunkte gesetzt werden, Intensivbetten in den Hintergrund treten, lokale Neuigkeiten sich wieder nach vorn schieben, unterschiedliche Sichtweisen die Katastrophe sezieren. Die Aufmerksamkeit geht mit der Zeit darüber hinweg. Leicht wird etwas in Begriffe gefasst, als würde es verständlich, als wäre es verstanden.

Schon bald kommt es zu W-Fragen, die man aus der Ersten Hilfe oder vom Journalismus kennt. In Bezug auf die Katastrophe werden sie so weit abgewandelt, dass sie die eigene Sicherheit betreffen, nicht die der anderen. Wird es uns auch treffen? Wann erreicht es uns? Was für Vorkehrungen treffen wir? Wie schirmen wir uns ab? Wozu sich Sorgen machen?

Die Katastrophe folgt einer Dynamik. Die Schreckensmeldungen reißen nicht ab. Es ist das größte anzunehmende Unglück seit Jahren. Im Gefüge der Zeit ist sie dabei nicht mehr beispiellos, sondern wird beispielhaft. Vom Kern der Katastrophe ausgehend, wendet man sich weiter den Begleitumständen zu. Inzwischen ist die internationale Hilfe angelaufen. Die Katastrophe hat auch Auswirkungen auf die Börse.

Damit werden gedankliche Verbindungen zwischen der Katastrophe und Gegebenheiten der sozialen Welt gezogen. Dies findet im Präsens statt. Die Aktien brechen ein. Supermärkte sind leer. Es kommt zu Eilmeldungen und Livetickern, die jeden Moment protokollieren und dadurch beglaubigen. Das Lauffeuer hält an. Etwas ist über Nacht zum Katastrophengebiet geworden. Wir haben Feuersaison. Ereignisse ziehen ins Erleben.

Bald kommt es zu Versinnbildlichungen. Ein Land liegt am Boden. Ein Land ist vom Niedergang bedroht. Die Begriffe werden immer größer. Tag zwei nach der Katastrophe: die große Erschütterung. Die aber hat ja schon stattgefunden, sie hat die Katastrophe nämlich ausgelöst. Somit kommt die Katastrophe in der Kommunikation zweimal an, einmal in der Wahrnehmung und ein zweites Mal mit der Begriffsbildung: Horror-Szenario, schreckliche Chance, wie in den schlimmsten Albträumen. Es kommt zu Paradoxien, zu Appositionen in dem Land, das nun zu Klimaxbildungen, Chaos, Angst und Schrecken neigt.

Danach kommt es zu Zweifeln und Schuldzuweisungen. Die Katastrophe wird seziert. Gibt es Verantwortliche? Gab es im Vorfeld etwas, das sträflich übersehen wurde?

Gibt es Randerscheinungen, die nun ins Zentrum rücken? Verfehlungen im Verhalten? Man sucht nach Erklärungen, auch zur Beruhigung. Man versucht, einen Sinn auszumachen, zur Orientierung. Manche Diskussion wird im Gestus der Selbstähnlichkeit geführt: Ich achte nicht auf das Unglück, ich achte darauf, wie es mir erscheint und was ich für mich daraus erkennen kann.

Die Berichte kippen in Selbstdarstellungen: guten Morgen aus dem Untergang, ein bisschen Einordnung von mir für dich, wir alle, wir alle.

Ausreichend Platz für Heldentum ist in jeder Katastrophe zugegen. Die tapferen fünfzig an der Strahlenfront, dazu erklärt von einer Öffentlichkeit, die weit entfernt ihr Tun gebannt verfolgt und kommentiert. Auf wenigen ruht verlässlich die Hoffnung von vielen. Auf wenigen ruht auch verlässlich die Hoffnung für wenige. So kommt es zu wunderbaren Geschichten mitten in der Katastrophe. Man denkt an sie. Man gedenkt ihrer schon zu Lebzeiten. Man muss sie bewundern. Man möchte sie nicht persönlich kennen. Etwas von der Gefahr, der sie ausgesetzt waren, könnte auf einen übergehen.

Mit Helden ist es seltsam, sie tauchen erst in Katastrophen auf, aber dort erwarten wir sie schon. Wie sonst ließe sich die Begeisterung erklären, die uns überfällt, wenn wir Freiwilligen beim Helfen zuschauen? Die Heldenphase ist für die Katastrophe ebenso selbstverständlich wie die Flitterwochen nach der Hochzeit. Für ein paar Stunden oder Tage wachsen wir über uns hinaus und sind uns einig. Doch die Einmaligkeit geht vorbei. Zwar ist man eine Weile von der einzigartigen Gewissheit erfüllt, überlebt zu haben, und sieht alles als lösbar an. Aber schon bald wird jeder für sich mit den Folgen kämpfen. Übrig bleibt die Erwartung, sie tragen bzw. aushalten zu müssen, das trägt zur Enttäuschung bei. Heldentum ist gern gesehen, für den Moment erhöht es uns, und wir bewundern uns selbst dafür. Es gibt der Katastrophe eine Bühne und uns den Zuschauerraum. Doch es hält dem Verlauf nicht stand, die Bühne wartet auf das nächste Ereignis.

Es ist an der Zeit für das Wunder, weil wir dafür aufmerksam werden, nach ihm zu suchen. Es muss in der Katastrophenerzählung irgendwo auftauchen, sonst ist sie nicht vollständig. Wie die Heldentat, aber das Wunder ist noch unschuldiger, weil es uns unvermittelt ereilt. Ein neugeborenes Baby, das neben seiner Mutter aus den Trümmern geborgen wird. Ein Mann, der nach drei Tagen, die er auf dem Wasser treibend verbringt, nahezu unverletzt gerettet wird. Manchmal geschehen Wunder in der Katastrophe, manchmal, wie im Falle verschütteter und dann geretteter Bergleute oder in Höhlen eingeschlossener Teenager, verwandeln sie die Katastrophe in ein Wunder. Das Wunder hängt vom Ausgang ab, nicht vom Anfang. Es lässt einen noch Tage nach einem Erdbeben die Ruinen durchwühlen auf der Suche nach der Luftblase, der Nische, dem Zwischenraum, der es geschehen lässt. Plötzlich Klopfzeichen und ab dann ein wahnwitziger verdoppelter Einsatz, als hielte man der fortlaufenden, vergehenden Zeit die Zeitspannen entgegen, in der das Suchen noch Sinn ergibt. Jede Brechstange, mit der man den Schutt aufkeilt, treibt den Keil tiefer in die Zeit, es ist der Keil zwischen Leben und Tod, und genau das ist Zeit. Etwas, das vergeht. Bei der Suche geht man gegen sie vor und trotzt ihr Leben ab.

Irgendwann will man nur noch etwas über Wunder wissen. Irgendwann muss die Geschichte der Katastrophe kippen, wird die Katastrophe sich in der Geschichte auflösen, damit sie sich ereignet hat, erzählbar wird. Und plötzlich etwas Zuversicht, auch mal gute Nachrichten tauchen auf und strukturieren, was es nun zu erzählen gibt. Die Katastrophe rückt ins Glied der Chronologie, ist endgültig erzählbar, andere Nachrichten treten in den Vordergrund. Die Chronologie verschleiert die Dauer, verwandelt sie in eine Erfahrung, in etwas Erlebtes. Die Sprache kann schon wieder damit umgehen. Nach Katastrophen sollten Partikel wie *nicht* vermieden werden, dazu rät die psychologische Nothilfe.

Es sind nicht die Nebeneffekte.

Es sind nicht die Zoos, die mit der Schlachtung
von Tieren anfangen.
Es sind nicht die Tiere, die sich aus Langeweile
paaren.
Es sind nicht die Jungtiere, die dadurch geboren
werden.
Es sind nicht die weniger vorkommenden
Frühgeburten.
Es sind nicht die Flüsse, die wieder aufklaren.
Es sind nicht die Delfine, die sich in den Kanälen
Venedigs tummeln.
Es sind nicht die Elefanten, die an Trinklöchern
verenden.
Es sind nicht die Nerze, die aus der Erde quellen.
Es sind nicht die Ratten, die aus der Kanalisation
drängen.
Es sind nicht die Tauben, die nichts mehr zu fressen
finden.
Es sind nicht die Aale in der Themse voller Koks.
Es sind nicht die leeren Innenstädte.
Es sind nicht die leeren Tierheime.
Es sind nicht die Gesichts-OPs.
Es ist nicht, dass das Handwerk boomt.
Es ist nicht, dass der Holzpreis steigt.

Es ist nicht, dass sich das Bier mit dem Abwasser mischt.
Es ist nicht, dass die Äste der Bäume schwer von Misteln sind.
Es ist nicht der wahrscheinliche Anstieg der Legionellen.
Es ist nicht, dass es zu mehr künstlichen Befruchtungen kommt.
Es ist nicht, dass es weniger Verkehrstote gibt.
Es ist nicht, dass es draußen viel ruhiger ist.
Es ist nicht, dass es in den Wäldern voll geworden ist.
Es ist nicht, dass die Gedanken nicht mehr wandern.
Es ist nicht wie das ständige Zuendedenken.
Es ist nicht wie ein Leck, aus dem die Gefühle fließen.
Es ist nicht mal mehr Erlebtes.
Es ist nicht mal mehr etwas, über das man reden kann.
Es ist nicht mal mehr das Weinen, dass man nicht mehr kann.
Es ist nicht, dass man sich seine Ausstellung selbst ansieht. Seine Musik sich selbst vorspielt. Sein Buch sich selbst vorliest.
Es ist nicht, dass man seine Kunden nicht mehr sieht.
Es ist nicht, dass man immer mehr vergisst, auch Namen.
Es ist nicht schon ein Jahr vergangen.
Es ist nicht wahr, dass schon ein Jahr vergangen ist.
Es ist nicht, dass das Jahr schon wieder so beginnt.
Es ist nichts, was man mit sieben vergessen haben wird.
Es ist nichts, was in Zukunft ist.
Es ist nichts, als Löcher in die Luft zu starren.

Sagen wir, die Zeit ist entstellt, wenn wir sagen, die Tage sind gezählt. Jeden Monat wird ein Monat genommen und genommen und genommen. Das Jahr, in dem selbst im Sommer Winter war, in dem ich die Jahreszeiten nicht mehr für voll nahm. Der Mai, der uns nicht gehörte, zu kalt, immer nur ein warmer Tag und dann anderthalb Wochen Rückschlag, keine Verbindung nach außen, die Bäume wurden ohne uns grün, alles verzögert und wie ausgeschlossen aus jeglichem Kreislauf, eine Nichtzeit, in der wir vorausdachten, die wir vorhersahen, um sie gewöhnlich zu machen. Gleich für ein ganzes Jahr den Ausfall denken, nicht hoffen auf ein paar Monate, denn dann ist es wieder erwartbar. Aber wehe, wenn sie Alltag wird, wenn es so weitergeht, dann erscheint dieser Alltag katastrophal. Auf welche Zukunft hin werde ich mit Isolation gequält? Man berechnet den Verlust in noch möglich gewesenen Lebensjahren. Man rechnet nach und zieht die verlorenen Jahre ab. Das wird zu einer neuen, hochvolatilen Währung. Man widerwilligt den Tod. Er ist es gar nicht, es sind die verlorenen Jahre, man gesteht ihm seine Allmacht und Existenz nicht zu, man zieht sie nur von sich ab. Eine kurze Weile sah man von China aus nach Europa in die Vergangenheit und war man von Europa aus in ängstlicher Erwartung. Die Zeit läuft also in Wellen über den Planeten, womöglich brauchen wir eine neue Raumzeit, um das auch so zu erzählen.

Die Zeit ist im Verzug, sagt man, wenn sich etwas verschiebt, dass dann gewiss passieren soll, und man die Zeit bis dahin nur schwer aushält. Dann die Erkenntnis, dass die Zukunft vielleicht doch nicht neu ansetzt, sondern zu einem Teil der Gegenwart wird, das ist Zeit, die Löcher ins Erleben reißt. Zeiträume verschwinden, werden aufgefressen vom Jetzt und einverleibt. Das Jetzt dehnt sich aus, verfährt invasiv mit der Zukunft, bis nichts mehr von der Zukunft übrig bleibt. Sie flacht ab, alles fällt auf sich zurück und bleibt. Später wird man sagen, das habe ich mir in der schlimmen Zeit der Katastrophe geholt, die Langzeitfolgen sind nun erst spürbar. Indem ich mir versage, dass sie vergeht, nehme ich der Zeit, was ihr zusteht von meinem Leben. Man kann das nicht nachholen oder wenigstens wieder einholen und diesen Countdown beenden. Man kann nur sammeln, was nicht geschehen ist, und es in Vergangenheit verwandeln, aber wer weiß, was währenddessen bereits unmöglich ist.

Sehnsucht nach der Zeit danach. Ich kann die Bedeutung dieser Phrase spüren. Bislang war es eine Selbstverständlichkeit, nun wird es bedeutsam. Ein kleines Winken aus der Zukunft, aus dieser sagenhaften Zeit, die uns erwartet und märchenhaft erscheint, das ist immer die Zeit, die es schon mal gegeben hat.

Zeit bedeutet: Kümmere dich um die Kinder! Mach, dass die Zeit für sie vergeht, damit sie sich entwickeln! Oder sich dennoch entwickeln. Selbst wenn wir alle gezwungen sind, zu verharren, wachsen die Kinder. Selbst im Einerlei werden sie selbständiger. Doch genauso gut, wie sie vorankommen, können sie auch weniger werden, verkümmern, eingehen. Ihre Reizreaktionen verlangsamen sich.

Sie haben ihre Erfahrungen noch vor sich, sie können sich nicht an eine Kindheit erinnern, sie müssen dieses Leben erst noch führen. Kein Hallraum und kein Rückzugsort. Die Kinder sind mundtot, denn sie können nicht beschreiben, sich nur später daran erinnern, was sie vermissen werden. Aber wie etwas vermissen, das man nicht kennt? Kinder, die weinen, weil sie als Einzige in der Klasse positiv getestet sind. Die als Einzige der Klasse zu Hause bleiben, damit die Hochzeit ihrer Eltern nicht gefährdet wird. Die zu Hause bleiben, damit das Geschwisterkind auf die Welt kommen kann. Oder weil sie selbst krank sind und man Angst um sie hat. Mütter, die sich um das eine Kind sorgen, das sie noch im Bauch tragen, und um das andere, weil sie ihm zugunsten des Ungeborenen das Leben einschränken. Das große Rasenstück ist Teil einer Wiese, sind Gräser statt Gras. Eine Wiese muss blühen können. Minikosmen, in sich schlüssig.

Warum setzt man die Zeit auch in den Plural? *In Zeiten von. Was sind das für Zeiten?* Wir schaffen der Zeit einen Plural an, klemmen ihr eine Vorsilbe als Halfter vors Maul, geben ihr eine demonstrative Geste mit.

Dagegen immer noch: sich waschen, sich die Haare kämmen, das Licht ausmachen. Es bleiben die gleichen Handlungen vor dem Schlafengehen. Sag deinen Kindern erneut jede Nacht *Gute Nacht*. Selbst wenn die Welt nicht mehr dieselbe ist, ereignen sich Liebesgeschichten. Wie kommst du durch diese Zeit?

Nur das Ereignis erzeugt eine Wellenbewegung. Deren konzentrische Kreise hindern die Zeit daran, weiterzulaufen, alles stockt, die Wahrnehmung verharrt und versucht, das Muster zu verstehen, wenn die Welle uns trifft. Das Unglück trifft uns mit voller Gewalt, dabei ist es nur sein Ausläufer. Es zirkuliert mit einem Zeitfaktor. Nie können wir daher das Ereignis klar von seinen Folgen unterscheiden. Wir können nur Bilder von ihm entwerfen. Das Ereignis formt Inseln, um die sich Strudel bilden. Und lange noch wirken sie nach, generieren Vergangenheit. Oder wirken auf die Zukunft ein. Es wird nie wieder so wehtun wie beim ersten Mal. Was für die einen lediglich eine Information ist, die sie nicht betrifft, ist für die anderen ein endloser Zeitraum gewesen, vor dessen Wiederholung sie sich sofort nach dessen Ende zu fürchten beginnen. Die Zeit dauert nur einen Moment, aber sie nimmt sehr viel Raum ein. Es fehlt ein Gedächtnis für Verläufe, es gibt nur eins für Ereignisse. Was für ein Countdown, wir holen immer noch die Bomben aus der Erde vom letzten Krieg auf unserem Boden.

Ich will auf diesen Zeitraum hinaus, wenn das Geschehen immer noch wirkt. Was geschehen ist, ist Geschehen. Ein Wort in zwei Wortarten und Positionen, und beide habe ich erfahren und erkenne, woran ich mich erinnern kann, auch wenn dieses Erinnern mühsam ist, weil der Zeitraum, den es umfasst, nicht mehr das Geschehen ist. Ich dachte nur immer, ich kann nicht davon erzählen, ich dachte, es nützt nichts, erfahren zu haben, wie ein Zeitraum lange nicht enden kann. Und nun erlebe ich erneut, wie ein Zeitraum scheinbar endlos währt. Deswegen erzähl, wie es sich mit der Erschütterung lebt, denn sie geht nicht so schnell vorbei wie das Ereignis.

Ich weiß, warum ich stets versuche, etwas zu vermeiden. Von vornherein sammle ich Argumente, die dagegen sprechen, allein um etwas zu verhindern, aber das ist nur mein Denken, und im Grunde kann es auch ganz anders kommen, und besser ist, ich warte das mal ab, statt immer etwas zu erwarten, denn wenn man nichts zu erwarten hat, weiß man zumindest, was einem fehlt. Man weiß darüber eine Menge. Mangelempfinden ist kein Mangel. Man kann damit leben. Man erfährt eine Menge über sein Leben. Kein Grund, sich zu verbergen oder gar zu schämen. Die Fähigkeit, etwas auszuhalten, ist eine Menge. Sie macht, dass man die Menge an Ungesagtem bei anderen spüren, man sich wortlos darüber verständigen kann. Es weiß ja sonst keiner, es hat ja niemand so erlebt, niemand kann das Erleben überprüfen. Nur das Erlebnis bleibt zurück und ist sofort verschwommen als Erinnerung.

Ich will einfach nur schreiben, zur Beruhigung. Worte machen, dass ich nachts nicht schlafen kann, und ich will sie nicht murmeln müssen, die Murmeln rollen heran. Ich will einfach nur schreiben, wenn ich nachts nicht schlafen kann, dass ich nachts nicht schlafen kann, weil Sprache macht, dass ich nicht schlafen kann. Ich will beschreiben, was ich immer vermissen würde und was ich einmal vermissen werde, das bleiben zwei Paar Schuhe. Das zweite behalte ich besser für mich.

Ich weiß, es geht vielen so, und mein Lebensgefühl ist nicht mehr nur für sich. Man hätte so viel zu erzählen, man fällt einander ins Wort, kann sich kaum ausreden lassen aus Mangel an Gelegenheit, und davon ist man übervoll, läuft an Mangel über, alles bricht hervor bei jeder noch so kurzen Begegnung. Es kann darum nicht sein, dass du dich zurücknimmst, denn dann betrügst du alle. Sie denken, sie haben Umgang mit einem Menschen, während du dich wie eine Attrappe verhältst. Das geht nicht, nur halb das Leben wahrzunehmen. Man darf sich den anderen nicht vorenthalten.

Zieh dich an der Sprache aus dem Sumpf, den dir die Gedanken zugrunde legen. Denk dir ein Strickleitersprachsystem, mit dem sich alles nacheinander und autark vollzieht, denk dir Zwischenräume als Zeiträume innerhalb von Zeit um die Matroschka, in der die Angst am Ende nicht mehr stecken kann, weil sie sich immer mehr verkleinert. Geh ruhig ins Innenohr, wo der Angstsinn sitzt, der dich ums Gleichgewicht bringt. Geh ins Gehäuse. Das Wissen steckt im Kern und ist ein Spaltprodukt. Letztendlich kommt es auf die Zeit dazwischen an, die Lücke in der Wahrnehmung davor und in der Erinnerung daran. Etwas, was in zwei Wochen so sein wird, aber noch nicht sein kann, und etwas, was zwar geschehen ist, aber seitdem nicht aufhören kann, Geschehen zu sein. Ich nehme Zeiträume wahr, von denen einer bis zur Katastrophe reicht und einer mit ihr einsetzt. Wie zwei Beine für einen Gang.

Jetzt fängst du an zu hoffen. Erst sind die Kreise so eng wie Baumringe, dann wie Hautfalten, dann weiten sie sich wie Insektenflügel. Es ist ein schlimmer Irrtum, dass man sich lieber nicht zu früh freuen soll. Enttäuschung hat bei der Vorfreude nichts zu suchen. Falls auf dem Zeitstrahl alles wieder verfliegt, bist du zwar enttäuscht, aber doch eben viel später. Späterer Enttäuschung kannst du auch besser begegnen, ohne der Kraft, die Freude auslöst, schon im Vorhinein etwas genommen zu haben. Erst recht, wenn keine Hoffnung mehr möglich zu sein scheint. *Radikale Hoffnung in dem außergewöhnlichen Sinne, den ich ausweisen möchte, besteht in der Hoffnung darauf, dass etwas Gutes hervortreten wird, selbst wenn man gegenwärtig noch nicht über die Begriffe verfügt, mittels derer man sich dieses Gute verständlich machen kann.* Hör auf Jonathan Lear! Auch wenn die Begriffe sich zerstören, mit denen man lebt, und die Begriffe fehlen, mittels derer Zukunft erfahrbar wird. Auch wenn die Erzählungen nichts mehr offenbaren, Museen nichts mehr zum Sammeln finden, sich eine ganze Gemeinschaft einem *Danach* gegenübersieht, das die andere Seite alles Vorstellbaren, seine Rückseite wiedergeben wird. Auch wenn die Perspektive zusammenbricht, sich die Lebensweise infrage stellt, Verwüstungen absehbar sind, die man erst nachträglich begreifen wird, weil man jetzt noch keine Sprache für sie hat. Wir sind keine Pioniere mehr, keine Entdecker, keine Abenteurer.

Dieses Gefühl ist überholt, wir haben uns darin eingeholt. Werden wir damit leben müssen. Die Veränderungen werden alles Vorstellbare übersteigen, die Hoffnung setzt sich über ihr Ende hinweg. In die Zukunft sehen, obwohl gerade nichts Gutes vorstellbar ist. *Danach* hat auch auf seiner anderen Seite zur Zukunft eine Grenze. Danach ist nichts mehr geschehen. Danach wird wieder etwas geschehen.

Danach ist nichts mehr geschehen. Überall hat es nur noch wenig Gesang gegeben, sagte Plenty Coups, Häuptling der Crow. Plenty Coups suchte nach einer Überlebensstrategie und träumte von einer Meise, die ihm sagte, was passieren wird, wenn er das tut, was er gewohnt ist: zu kämpfen und ehrenhaft zu fallen. Das wäre für alle der sichtbare Untergang, denn es käme zu keinem Übergang aus den traditionellen Formen des Mutes. Sie riet ihm, was dagegen möglich war, nicht auf den alten Idealen zu beharren, sondern sich angepasst zu verhalten und eine lange Phase der Geschichtslosigkeit, in der keine Hoffnung zu erkennen war, zu überdauern, um sich und die Seinen in Sicherheit zu bringen auf unpopuläre Art. Statt sich hervorzutun, den eigenen Untergang zu überleben und auf sein Danach zu warten, weil die Hoffnung sich über ihr Ende hinwegzusetzen imstande wäre. Etwas, was im Hier und Jetzt nicht mehr möglich war, dennoch zu erwarten im Vertrauen darauf, dass man es rückblickend begreifen werde, wenn man wieder über die Erfahrung verfügte. Dafür muss man die Zerstörung anerkennen, die sich zugetragen hat. *Danach ist nichts mehr geschehen. Überall hat es nur noch wenig Gesang gegeben.* Die Crow waren die Einzigen, die ihre angestammten Gebiete als Reservation behielten.

Denk an die Vorstellungskraft als Retter in der Not wie in dem Kinderbuch, in dem das Stöckchen sich in alles Mögliche verwandelt und so das eine Tier das andere gerettet hat. Und dafür ein Stöckchen mitgenommen hat, ohne vorher genau zu wissen, was es ihm bringen mochte. Es vertraute darauf, als was es sich dann vor Ort in der jeweiligen Situation entpuppte. Und wir denken es eigentlich immer nur umgekehrt, treffen Prognosen, und es bleibt Stückwerk, das Ganze lässt sich nicht vorhersagen oder vorstellen. Leben und Tod sind nun einmal zwei schwer zu vereinbarende Zustände.

Plötzlich haben es alle, hat man es auch, und der Abstand verliert sich. Es lässt sich erkennen, seltsames Gefühl, als wäre es kaum noch da. Schon laufen die ersten Wetten, wie lange man noch ohne ist, gibt es Kalkulationen, wann der günstigste Zeitpunkt dafür wäre, werden Kalender herausgeholt und abgeglichen, weil es nicht mehr die Rolle spielt, wird nur noch sekundiert. Du wirst eine Woche lang eine bedrückte Brust bekommen, weil es auch bei mir so war. Als nachträglicher Satz, der etwas begradigt, eine Linie schlägt zwischen den Ereignissen und dem Leben seitdem. Er lässt etwas erklärbar wirken und hält das Unerklärliche zurück. Es kommt zu keinen Erklärungen, es kommt ohne Erklärung aus. Eine Woche dauert die geteilte Erfahrung der Atemnot. Wir müssen nicht drüber sprechen, ich weiß auch so, wie es dir geht, und du musst niemanden überzeugen, und vielleicht ist es dies, niemanden mehr überzeugen zu müssen von dem, was maßlos ist. Es nimmt seinen Lauf, die Sätze werden andere, sie schaukeln und wiegen sich etwas mehr in ihrer Grammatik, sie halten die Gegenwart nicht mehr aufrecht, sondern bringen Vergangenheit mit. Sie sind keine Träume mehr und protokollieren nicht. Sie sind auch nicht sinnbildlich. Sie schreiben nichts zu, geben nichts wieder, halten nichts zurück. Sie setzen sich über ihr Ende hinweg. Jetzt weiß ich, wie es sich angefühlt hat. Jetzt weißt du, wie ich mich fühl.

Wie der Zeitabschnitt, der hinter mir liegt, Stück für Stück abnimmt, weil ich ihm Stück für Stück wieder etwas hinzufüge von dem, was er mir genommen hat, und auch der Zeitraum, in dem wir uns befinden, in Abschnitte zerfallen wird, an die wir uns dennoch als Ganzes erinnern. Ich erfuhr davon und fiel ins Schweigen, ich hörte darauf und begann es aufzuschreiben. Ich muss es nicht mehr beschreiben.

Wie ein nicht mehr für möglich gehaltenes Wissen um ein *Früher*, kaum zu erkennen, nur an der Ungeduld, die wieder zunimmt und die Mitschrift ablöst. Es ist das Gesetz der Neuigkeiten, dass der Blick sich löst. Erst wissen wir nicht, wie es weitergeht, und auf einmal sind wir ohne das Ereignis, schlägt uns nichts mehr in Bann, hält uns nichts mehr zusammen, auch nicht das, was fehlt, *we give a shit*. Die Redensarten werden andere. Der Small Talk nimmt zu, es wird als Gesprächsthema zum Lückenfüller, das Übliche. Es gibt den Vorfall nicht mehr, der Zeitpunkt ist vorbeigegangen, der Bus hat uns verfehlt. Beinahe hätte dich der Bus erwischt, aber es ist noch einmal gut gegangen. Vielleicht hätte der Bus dich nie so erwischt, wie es mir vorkam, vielleicht entstand in mir nur dieses Bild. Und ich ging von falschen Vorstellungen aus und hielt mich die ganze Zeit damit auf. Und nahm nicht dich, sondern nur meine Vorstellung wahr, die aus der Vergangenheit rührt.

Wie einfach nichts mehr geschehen ist.
Wie Bilder über eine Leinwand ziehen.
Wie wir wieder feiern gehen.
Wie in der letzten Woche Frieden.

Begreifen lässt sich die Zeit nicht, nur
hinterher gibt es etwas, das sich im Abbild
zu erkennen gibt und dann einmal
mühsam rekonstruiert werden wird.

Bis eben war alles vorhersagbar. Jetzt sammle ich Vorsilben, vielleicht aus Vorsicht. Oder weil sie etwas vorhersehbar machen und aus dem, was vorher war, Vergangenheit. Etwas ableiten, was vorhersehbar wird, also wieder sein wird, wiederkehrt. *Vorher* treibt das, was lange her ist, vor sich her. Ein Hin und Her wäre ein Hickhack. Kein Hin und Her. *Vorher* wird genauso lange dauern wie das, was lange her ist. Manchmal verschiebt sich die Vorsilbe auch nach hinten, nachdem sie sich an ein Verb geklettet hat. Auch *vorbei* ist nicht ohne seine Vorsilbe. Nur Katastrophen gehen nicht vorbei, sondern lösen einander ab. Nach der Krankheit kommt der Krieg.

Eine Vorsilbe weicht eine Präposition auf. Die wiederum wandert weiter und nimmt ihrerseits die Rolle einer Vorsilbe ein: *beinahe* so wie früher. *Beinahe* rückt das Früher wieder in erreichbare Nähe, macht es spürbar, nur ein hauchdünner Film trennt das Trugbild vom Moment, aus dem heraus wir es uns ersehnen. Aus und *vorbei,* nach einem kurzen Moment ist wieder alles klar. Ich war vorschnell mit meiner Einschätzung, und in meiner Vorfreude habe ich nicht klar genug gedacht. *Vorerst*: ein semantischer Hiat. Ein Crash, der dem Wort sein ständiges Provisorium mitgibt. Zur Ruhe kommt man damit nicht, also spar dir das mit der Vorfreude, aber bitte genau das nicht, das ist zu bitter, du musst dich doch in diesen

Moment stürzen, ihn einsaugen für später, als Schutzschild, wenn es wieder nichts wird, es bringt nichts, sich auch noch die Freude abzuklemmen, erhalte dir bloß dieses Gefühl, sonst gewöhnst du dich daran, dass es nicht mehr aufkommt.

Versagen, vergessen, verarmen, die Arme verästeln, statt zu umarmen, aber auch sich verlieben und das Verlangen spüren. Sich verkriechen, verstecken, verbergen, jemandem etwas verübeln. Vorsorgen, vorwarnen, Vorkehrungen treffen, ein Frühwarnsystem, auch in den eigenen Nerven, sich vorher schon abklemmen vom Lauf der Welt. Jemand hat einen Transporter geklaut und nach Polen gebracht, die Särge darin entdeckt und sie im Wald abgelegt. Geschah das aus Vorsicht oder aus Verrohung?

Nach dem *ver* kommt nur noch das *zer*. Das *zer* als letzte Vorsilbe alphabetisch betrachtet: Zerrbilder, zerstieben, zerbrechen, zerlassene Butter löst sich auf, eine Menge, die sich zerstreut, ebenso Gedanken, zerbissenes Spielzeug, in das man sich vorher verbissen hat. Schon ist alles in die Vergangenheit gewandert, nachdem es mit Verve angegangen worden war. Es ist zerbrochen, zerfallen, zerstört. Nach der Krankheit kommt der Krieg.

Dieses Rumgeeiere bisher, dieses Lavieren bis hierher, dieses Balzen mit der Sprache, was man gemeinhin als Vorahnung ansieht, ist hinfällig geworden. Du erkennst die Angst nicht mehr. Aber du erkennst Panik, denn ab jetzt gibt es nur das Wort *sofort*. Sofort nach dem Aufwachen war klar, dass die Würfel gefallen waren, sie streckten sich in der Luft und nahmen eine waagerechte Haltung an und wurden zu Bomben, die auf das ganze Land zielten. Seitdem nehmen die Wörter andere Bedeutung an. Stille ist nicht das, was du spürst, während du im Bett liegend kaum atmen kannst, weil die Krankheit dich im Griff hat. Stille ist der fehlende Ton zwischen den Sirenen. Warten ist nicht das, als was du es wahrnimmst, bis die Krankheit vorübergegangen ist, während du im Bett liegend den Baum anstarrst. Warten ist der Zeitraum bis zum Eintreffen der Nachrichten. Der Raum verschiebt sich, weil das, wofür man nicht aufmerksam war, plötzlich angegriffen wird und man sich fragen muss, ob man nicht aufmerksam genug war. Deine Bezüge lösen sich auf in den Tönen der Sirenen, die feinen Systeme, in denen du zu denken gewohnt bist, vereinfachen sich brutal. Die Sicherheit deines etablierten Denkens löst sich auf mit jedem Bombeneinschlag, als würde ein Bild zerfetzt, unklar, an welcher Stelle das nächste Loch kommt. Die Bedeutung deiner Erfahrungen verdreht sich unmittelbar, und müsste man dich zeichnen, funktionierten die

Gliedmaßen an deinem Körper plötzlich falsch herum: Die Augen sähen immer nur nach innen, die Füße bewegten sich im Kreis, die Hände griffen ins Leere. Die Panik lässt dich Kreise ziehen in Gedanken, während du gefühlt mit den Händen nach Luft schnappst. Dein Frühwarnsystem hat nicht funktioniert, obwohl der Schwellenwert überhandnahm, sich an der Grenze anstaute und man doch dabei zuschauen konnte, wie der Angriff seinen Lauf nahm.

Noch im Sommer zwischen zwei Coronajahren wart ihr in Berlin irgendwie zusammengekommen, hattet euch immerhin halb getroffen. Eigentlich wärt ihr alle zusammen in Iwano-Frankiwsk gewesen, aber die Pandemie ließ die Reise nicht zu, also erzeugtet ihr aus zwei über das Internet übertragenen Sicheln einen Kreis zwischen Berlin und dort und hörtet euch von fern zu. Es gelang nur halb, denn es kam zu einer technischen Verzögerung in der Übertragung, sodass ihr euch immer um etwa eine halbe Minute verfehltet. Die Bewegungen wurden beim Lesen zwar synchron übertragen, aber man hörte sich nicht, sondern war auf ihren Nachklang angewiesen. Der Moment der Aussage und ihr Sinn verzogen sich wie in einem Spiegelkabinett. Es war keine Verständigung möglich, und du wartetest auf die Sirenen, die zum Test für den Tag angesagt waren, damit wir wieder lernten, auf Unvorhersehbares zu reagieren. Du erwartetest es mit einer gewissen Ungeduld, denn ihr Ton war dir noch aus der Kindheit bekannt, jenes lang gezogene Heulen, das alles unterbrach und einen innehalten ließ und das, was in der Luft lag, zerriss. Aber nicht einmal die Sirenen sprangen an am Katastrophentag, der Moment, der einen hätte warnen sollen, verging unbemerkt auf dem Weg zum Holocaust-Denkmal.

Und während du auf Zeichen gewartet hast, die dir etwas vorhersagen sollten, damit du dich orientieren konntest in diesem Sommer zwischen zwei Wellen, übersahst du die Drohkulisse, die sich Zeichen für Zeichen aufbaute. Der Krieg war da schon da, doch er drang nicht über die Schwelle. Dafür sammelte er sich an, und das musst du so sagen, denn du hast in den letzten Jahren vieles von dem Wissen angesammelt, das ihn erwartbar machte. Trotzdem kannst du nicht sagen, wie sich dieser Moment beschreiben lässt, der auf einmal die Welt verändert, obwohl nur eintritt, wovon man weiß, dass es geschehen kann. Als setzte ein mörderisch wildes Tier zum Sprung an und würde die Szenerie zugleich grell erhellt, außen über die Nachrichten und innen über das Wissen, das sich plötzlich bewahrheitete. In diesem Moment sprang die Gewissheit über die Schwelle und zerriss alles Vermeintliche. Das ist der erste Krieg, der dich trifft, und mit jeder Bombe erschüttert er dich, jede Bombe ist falsch, unsagbar falsch, wie soll das weitergehen, denkst du stoisch liegend im Bett, während du kaum atmen kannst. Das ist gefühlt dein erster Kriegsausbruch, alle anderen hast du ignoriert. Das ist der, der nun in dir regiert, der dein Erleben auflöst und dich dem Zeitgeist zuschlägt. Er begann nachts, als alle schliefen, und kam nach dem Aufwachen an.

Und was tut die Angst jetzt, wenn man als Zuschauer mit ihr zusammensitzt? Man fasst am Morgen danach zusammen, was in der Nacht geschah, sagen die Experten. Keine Erwartungsgewissheit, kein *So-schlimm-wird's-schon-nicht-werden*, keine neue Normalität, keine Rückkehr ins Vertraute, kein *Es-kommen-auch-wieder-andere-Zeiten*, keine Spekulation darauf. Nur ein Starren auf die Bilder und ein jähes Wissen um die Kriege, die noch kommen werden. Sezier lieber die Angst. Die einen haben eine Fluchttasche neben der Tür. Die sind noch nicht lange hier. Die anderen nicht. Das ist der Unterschied.

So geht das schon wochenlang, der Moment hält an wie der Ton der Sirene und zwingt mich, zu begreifen, was wie aus einem Film entsprungen wirkt. Das ist doch Vergangenheit, aus der wir uns längst gelöst haben, wie kann es sein, dass es uns jetzt so überholt erscheinen lässt. Ab jetzt werden wieder Museen gesprengt, Theater zerstört, Ortsnamen ersetzt, seilt der Feind sich über der Hauptstadt ab und ersetzt den Agentenfilm. Ab jetzt geschieht alles zeitgleich. Ab jetzt ist, wie es vorher war, vorbei.

Und wie die Bomben fallen. Sie fallen, wenn die Menschen im Kino sind. Wenn sie in den Supermarkt gehen. Oder bei der Büroarbeit. Sie kommen von oben und fallen, als sie sich zu verstecken beginnen in den Theatern, statt sich abzulenken mit Theaterstücken, und ihre Situation schon nicht mehr als Teil eines Films wahrnehmen. Sie schlagen in Menschenmengen auf Bahnhöfen. Sie streichen über die Köpfe der Kinder, zerfetzen sie oder trennen ihnen Gliedmaßen ab. Sie bringen die Menschen dazu, sich Kochtöpfe aufzusetzen und in Badewannen zu hocken, sie lassen Erwachsene in Supermarktkostümen die Waisen zu den Zügen begleiten, die sie aus der Stadt bringen sollen, sie lassen Frauen mit Kindern tagelang zu Fuß bis über Grenzen gehen. Sie sind noch nicht auf flüchtende Züge gefallen, sie sind noch nicht in andere Länder eingefallen. Ich kann das kaum schreiben. Sie zerstören alles, auch die

Bücher, auch die, die noch nicht geschrieben sind. Woran knüpfen wir dann an?

Wie konntest du nur dabei zusehen, wie sich über Jahre hinweg eine Welle aufbaute, fast nur als Erinnerung an einen Sommer, an einen weiteren Augenblick auf der Autobahn, um die Kinder aus den Ferien zu holen oder sie zu bringen, als das Radio von einem Einfall in Georgien sprach und sich zwei neue Namen auf einmal als Republiken ausgaben. Das kurze Gefühl, das geht doch nicht, das aber schnell vorüberging und deine Aufmerksamkeit nicht weiter beanspruchte. Dann das völlig zerbombte Aleppo, der Basar, den es nicht mehr gibt, aber das war nicht dein Gebiet, und schließlich die Krim und der wilde Donbass, der dir mit seiner Armut, seinem Mangel an Ästhetik, seiner Menge an Bergwerken doch im Grunde gleichgültig war. Das abgeschossene niederländische Flugzeug mit all seinen Toten reichte auch nicht, um den Blick zu richten auf das, was kommt. Vielleicht noch deine Emphase angesichts der Ästhetik des Aufbegehrens in Belarus, so schön, so wahr und so echt, aber erst dann brach plötzlich etwas los, und nun sieh an, du erkennst dich auf einmal nicht wieder. Siehst die Lunte brennen, kannst sie rückverfolgen bis zur Explosion, *Kultur und Explosion*, liest du bei Juri Lotman über ein an Explosionen orientiertes Denken und die Überwindung der fatalen Entscheidung zwischen Stillstand und Katastrophe. *Wenn die Vorwärtsbewegung - und die Alternative dazu ist nur die Katastrophe, deren Ausmaß schwer einzuschätzen ist - trotzdem die Grenze überwindet, auf der wir uns befinden, dann wird die entstandene Ordnung kaum eine einfache Kopie der westlichen Ordnung sein.* [...] *Die grundlegende Veränderung in den Beziehungen zwischen West- und Ost-*

europa, die sich vor unseren Augen vollzieht, bietet vielleicht die Möglichkeit, zu einem gesamteuropäischen ternären System überzugehen und abzugehen von dem Ideal, die alte Welt bis auf die Grundfesten zu zerstören, um danach auf ihren Ruinen eine neue zu bauen. Diese Möglichkeit zu versäumen, wäre eine historische Katastrophe.

Es gab diesen Moment, erinnerst du dich, als der Krieg in der Luft zu liegen begann und man öffentlich davor warnte, ihn herbeizureden, indem man über ihn sprach. Ruhig Blut, bis jetzt ist der Angriff nur vorhersehbar, stattgefunden hat er noch nicht. Und dann genügte eine Nacht, um zu zeigen, dass der Gang der Ereignisse nicht unberechenbar war und der Krieg nicht einfach ausbrach. Da brannte die Lunte längst.

Aber warte nur, mit der Zeit gewöhnst du dich daran, dann sind die Informationen nicht mehr so unmittelbar. Schon jetzt erkennt man Bilder wieder und kann sie einordnen. Nach genug Zeit verwandelt sich noch jedes Entsetzen in Gleichgültigkeit. Sezier besser deine Angst. Die Menschen leiden auch so. Etwas, was sie gar nicht erleben, wird wahr. Das wirkt mitunter Wunder.

Die Angst sprang in die Badewanne. *Schaumköpfe* las deine Mutter dir immer als Kinderbuch vor, ein älteres Mädchen wäscht seinem jüngeren Bruder den Kopf, aber hier warst du es, die in der Badewanne saß und deine Mutter, während du Schaum beiseiteschobst, fragte, ob denn jemand eine Bombe auf uns werfen könne, und sie dich nur beruhigen konnte mit dem Satz, nein, das gehe nicht, denn jemand anderes passe mit seiner Bombe auf uns auf. Und wie die Angst nun wieder in der Badewanne in den Kindern steckt, vor dem Schlafengehen fragt dich deine Tochter, aber uns erreicht der Böse doch nicht, er soll nicht so vielen Menschen Böses tun. Und du antwortest deinem Kind, nein, uns geschieht hier nichts, und weißt, wie sehr du lügst.

Die Angst steckt also in den Stimmen der Mütter, sie hat sich verborgen unter Gutenachtgeschichten und hält sich hinter lächelnden Gesichtern versteckt, sie springt mit hoch, wenn Mütter ihre Kinder in die Luft werfen und ihnen immer, immer versichern, dass ihnen nie etwas geschehen wird, wenn sie plötzlich mit ihnen aufbrechen müssen und ihnen noch, während sie sagen, nimm deinen Rucksack und dein Kuscheltier mit, versprechen, dass es spannend, ein Abenteuer wird. Sie kennt sich aus mit den Lügen der Eltern und speist sich aus den Vorstellungen der Kinder, ein neues Spiel, was packst du in deinen Koffer, wenn der Koffer nur ein Rucksack ist und es keine Zeit für Überlegungen gibt. Nimm dein Kuscheltier, dein Haustier mit, und warme Kleidung. Was nimmst du denn mit, fragt dich dein Kind, und alle Nervenenden richten sich auf, dieses Gefühl ist vertraut, schon wieder. Es schleudert einen in den Moment zurück, da man handeln muss, mit schneller Hand die Dinge ordnen, greifen, packen für den Moment, da einem alles aus der Hand fallen wird. Jetzt weißt du es, weil deine Tochter fragt, du weißt also, dass man für andere bereits in sich beginnt, sie zu verwandeln in etwas, das man erzählen kann.

Die Angst ging um in deinem Heimatkundebuch von früher, dort gab es Bilder von ausgelöschten Dörfern und den toten Dorfbewohnern daneben, du hast dir das immer wieder angeschaut und dir das Foto gemerkt, tote Menschen angeordnet auf einem Feld neben ihrem abgebrannten Dorf, ein Begleitumstand in Schwarz-Weiß. Die Angst ordnete das ein und der Bildung und Erziehung unter.

Die Angst nahm dich huckepack in Gestalt des Soldaten, der ein Kind im Krieg gerettet hatte, lieber das Kind als er, und dieses Kind hättest du gewesen sein können, erzählte man dir, erzählte man sich untereinander wieder, so ging die Geschichte reihum und war jedem bekannt, so stand es an dem Denkmal, ein verewigter Soldat mit einem Kind auf dem Arm. Die Angst sehnte sich als Kind danach, einmal einem echten sowjetischen Soldaten zu begegnen, weil jeder von ihnen der war, der dich womöglich hochgehoben hätte. Das machte, dass du den einzigen sowjetischen Soldaten, den du jemals am Bahnhof stehen sahst, von vornherein umarmen wolltest.

Sie verhielt sich launig in der Erzählstunde am Pioniernachmittag, in Geschichten über eingesperrte Helden, lauter Gefängnisgeschichten, in denen Töchter ihre Väter bis zur Hinrichtung besuchen durften und ihnen in der Umarmung Nachrichten von draußen zuschoben. Das machte, dass man sich diese Töchter als Vorbild nahm.

Die Angst wurde dir seitenlang *spannend erzählt* in Büchern, die in Reihe erschienen und von denen du etliche gelesen hast: *Gefangene der Pantherschlucht, Magellans Reise um die Welt, Das Grab der Legionen, Unter Korsaren verschollen, Die vier Pfeile der Cheyenne, Späher der Witbooi-Krieger, Die Verbannten von Neukaledonien, Strom ohne Brücke, Oberhäuptling der Herero, Fieber am Amazonas, Temudschin, Herniu* und mit ihm Armin, der Cherusker, und wie er die Legionen des Varus im Teutoburger Wald aufrieb. Und weiter, *Hundertfünfzig Escudos,* wie man Amerikaner mit Armut rührt, *Die Söhne der großen Bärin,* wie man sich verhält, wenn man ausgestoßen und verfolgt wird, *Vierbeinige Freunde,* wie man Zootieren im Krieg hilft, *Silberhuf zieht in den Krieg,* wie man dem Vietcong hilft, *Ede und Unku,* wie man seiner Freundin hilft. Neben den Entdeckungen unbekannter Reiserouten gern die Grausamkeiten während der Eroberung anderer Völker und deren Kampf dagegen. Dafür nie Karl May, weil der gelogen hat, stattdessen ein Vortrag über dein Lieblingsbuch in der dritten Klasse *Vom Freiheitskampf des Roten Mannes,* in dem stand, wer wen in Nord- und Südamerika abgeschlachtet, gevierteilt, verbrannt hat.

Die Angst war fester Bestand des Lexikons, mit dem man dir ab Schuleintritt die Welt erklärte. *Von Anton bis Zylinder, das Lexikon für Kinder* war schön illustriert und kindgerecht. Erst später, als du es dir wieder vornahmst, um zu erfahren, was sonst noch drinstand, stellte sie sich dar, die Bilder der Jahreszeiten täuschten nicht über die militärischen Orden, Rangabzeichen, Organisationen und nationalen Feiertage hinweg.

Das Amphibienfahrzeug
Der Atomeisbrecher
Die Brennstoffe
Das Erdgas
Das Ferienlager
Der Frieden
Das Gaswerk
Das Gedicht
Die Gezeiten
Die Großplattenbauweise
Der Ingenieur
Die Insekten
Die Jahreszeiten
Die Kampfgruppen
Die Kantate
Die Koexistenz
Der Kompaß
Das Kraftwerk
Das Licht
Die Märchen
Die Maschinen
Die Nationalhymne
Der Nebel
Die Oase
Die Oktoberrevolution

Die Pferde
Die Pflanzen
Die Pipeline
Das Radargerät
Die Rakete
Die Schlacke
Das Schmelzen
Die Schmetterlinge
Die Schnecken
Der Schnee
Die Seuchen
Die Solidarität
Staatliche Auszeichnungen
Der Stahl
Die Steppe
Tag der Befreiung
Tag der Republik
Tagebau
Das Turnen
Das U-Boot
Das Uran
Die Volkspolizei
Das Wasser
Die Wiese
Die Zeit

Die Angst nahm Platz, als deine Mutter zwei Pflanzen kaufte, zwei Fingeraralien, und sie der Klassenlehrerin und der Hortnerin überreichte, die zum Elternbesuch zu euch nach Hause kamen und, wie deine Mutter dir später einmal voller Empörung anvertraute, sie anhielten, ihre Familienverhältnisse in Ordnung zu bringen, es könne nicht sein, dass das Kind einer alleinerziehenden Mutter so gut in der Schule sei, dass man es für die Galerie der Besten fotografieren werde. Das alles als Hintergrund der Aufregung und Freude, die du empfandest, weil die Lehrerinnen dich besuchen kamen. Später dann, mit dem ersten Zeugnis, als bereits alle die staatstragende Bezeichnung des Mannes, dessen Bild in jedem Klassenzimmer hing, so auswendig sprechen konnten wie schon nicht mehr das Vaterunser, warst du die Letzte, die ihr Zeugnis bekam.

Die Angst kitzelte dich über den Mann deiner Klassenlehrerin. Er hatte beschlossen, sich zu erhängen, als du in die dritte Klasse gingst. Er war damals nicht der Einzige, die Wende hatte an Fahrt aufgenommen und schleuderte einige aus ihrer Bahn, vorwiegend Männer, die mit dem Einsturz ihres Weltbildes nicht zurechtkamen. Er hatte das allgemeine Ende zu seinem gemacht, ohne seiner Frau etwas davon zu sagen. Er war nur plötzlich nicht mehr da und sie kam einen Monat nicht zur Schule, das war zu lang, um krank zu sein, und da die Angst wie Wasser ist und den Nervenkitzel nicht scheut, ließ sich so was nicht verbergen. Du warst dagegen nur eine von denen, die begeistert in die neue Welt aufbrachen und die Ungewissheit, die sie den anderen bedeutete, als Begleitumstand wahrnahmen, jedenfalls verhieltet ihr euch ab dem Tag, als die Klassenlehrerin wiederkam, auffällig brav und habt euer Verhalten ihr gegenüber auch dann nicht geändert, als ihr schon längst *Lustige Taschenbücher* gestohlen habt, erst auf den fliegenden Märkten und dann in den Buchhandlungen, und manche von euch dabei erwischt wurden.

Einmal wurde sie banal, als du erstmals auf der anderen Seite warst und dich jeden Tag in das Auto übergabst, das für dein Empfinden zu weich in den Kurven lag. Du warst das nicht gewohnt, du warst überhaupt kein Auto gewohnt und hattest Angst vor jeder nächsten Fahrt. Sie wurde peinlich berührt, als du dort etwa fünfzig Werbekugelschreiber geschenkt bekamst und sie für eine Mark das Stück in deiner Klasse verkauftest und sogar deine Lehrerin einen nahm, der auf einmal nicht mehr ging, und du bekamst kurz Angst vor der Unzuverlässigkeit des Produktes, aber dann ging er wieder, und von dem Erlös ludst du deine Freundin ins Kino ein, ihr saht euch Haribos essend *Spur des Falken* an.

Die Angst spaltete sich in ihr Gegenstück und zeigte ihre Fratze vor dem Sonnenblumenhaus der Stadt, in der du aufgewachsen warst, als Frauen sich im Fernsehen laut darüber beschwerten, nicht mehr zurück in ihre Wohnungen zu gelangen, und darüber vor sich selbst in Tränen ausbrachen, weil sie Kinder hatten, die nun allein zu Hause seien, während gleichzeitig Menschen vor Angst fast umkamen, deren möglichem Verbrennen sie bis eben noch voller Schaulust zugesehen hatten. Du zeigtest ab dann immer allen, die dich besuchen kamen, auf dem Weg zum Strand das Sonnenblumenhaus und folgtest ihren Blicken mit aufmerksamer Distanz, und immer, wenn jemand dich fragte, woher du kamst, wartetest du das Erkennen des Namens beim Gegenüber ab. Erst ein Jahrzehnt später sahst du dir Dokumentationen zu dem an, was du selbst nicht erlebt hast, weil ihr währenddessen in der Innenstadt Lichterketten dagegen gebildet habt.

Ab der fünften Klasse ging die Angst in verschiedene Schulen und traf dich erst wieder, als ein ehemaliger Mitschüler dir entgegenkam und dich mit dem Hitlergruß begrüßte und zu den anderen, mit denen er unterwegs war, sagte, die nicht, die kenn ich von früher.

Sie zog sich durch die Entlassungswellen und gescheiterten Ehen der Eltern, sie steckte in der Scham, dass man anders aussah und zu erkennen war, weil ihr alle eine Zeitlang diese billigen Freizeitanzüge trugt. Du lerntest, dich über Zuschreibungen wahrzunehmen, während du aufbrachst, wohin du wolltest. Als würde man sich ständig übersetzen, um sich anderen zu erklären, hast du gelernt, Begründungen vorwegzunehmen, und erkennst andere daran. Du weißt, was es bedeutet und woher es kommt, wenn eine Kollegin sich von vornherein dafür entschuldigt, eingeladen worden zu sein, und dir, als du ihr beispringst, nur antwortet, ich bin Ukrainerin, und du dir diesen Satz nicht übersetzen musst. Du weißt über das Gefühl Bescheid, dass man davon ausgeht, in einer Rolle zu leben, auf die gedeutet wird, die man mittlerweile gut erklären kann, auf die man aber keine Lust mehr hat, weil sie einem mittlerweile überflüssig erscheint.

Das wurde dir erst während deines einjährigen Aufenthalts in der Provence klar, als dir das Grün der Hartlaubgewächse zu dunkel erschien und du Sehnsucht hattest nach dem Grün, das vom Wasser deiner Kindheit gesättigt war. Auf der Suche nach einem Landstrich, zu dem du gehörtest, stießt du in einer ehemaligen südfranzösischen Zigarettenfabrik, die zur Bibliothek umgewidmet worden war, auf das *Sarmatien* Johannes Bobrowskis, das zog auf einmal den Vorhang beiseite und führte schlagartig zur *Rekultivierung deiner östlichen Bewusstseinshälfte*. Daraufhin nahmst du an einer Reise teil, Franzosen, Polen und Deutsche entlang des Weimarer Dreiecks auf dem Weg durch ihre drei Länder, von Frankreich über Deutschland nach Polen, auf den Spuren der gemeinsamen Geschichte. In Paris-Drancy seid ihr Beate Klarsfeld begegnet, in Strasbourg besuchtet ihr Arte, in Weimar Buchenwald mit seinem Denkmal, das einen erst ins Tal führte und dann die Stufen wieder aufsteigen ließ, bis am Ende alles überwunden war. In Kreisau wolltest du am liebsten bleiben und schriebst ein Gedicht, das später in deinen ersten Gedichtband kam: als der Ukrainer sagte/*du schlägst herzhaft zu*/ der Mann ohne Hand,/klang es, wie Diogenes in die Sonne sprach:/*du stehst mir im Licht*, dort erfuhrst du etwas über die Geschichte sämtlicher Vertreibungen und dass es neben Polen auch die Ukraine gab.

In Warschau warst du fast wieder zu Hause, die Hässlichkeit der Platten, das Sichentschuldigen der Polen für die Hässlichkeit der Platten, war dir geläufig, und du bekamst Äpfel angeboten, wie du sie nur vom Baum deiner Großeltern kanntest, Sommerscheiben am Straßenrand, in einem Land, das auf Selbstversorgung angewiesen war. In Warschau besuchtet ihr das Pendant zur Stasibehörde, und du stelltest zum ersten Mal öffentlich Fragen. Über

Danzig fuhrt ihr zurück nach Berlin und saht euch noch die Stasizentrale in Hohenschönhausen an. Ein Jahr später ging es wieder nach Polen, diesmal noch ein wenig weiter nach Osten, junge Ostdeutsche, Polen und Ukrainer, es ging, wie fast immer, um Vertreibungen, aber auch um *kresy*, und zum ersten Mal wurde dir der Holodomor genannt und erzählte Sascha erst, wie schön Wrocław im Verhältnis zu Kiew war, und dann, wie seine Großmutter, kurz nachdem sie ihm für diese Reise ihre Geschichte als Zwangsarbeiterin erzählt hatte, gestorben war. Wissen über Wissen, das sich ansammelte, das dir nicht nur naheging, sondern auch nahe war.

Wie beweglich diese Angst hält, wie reich sie einen vorbereiten kann. Warum nur teilen die, die sie kennen, einander nicht mit?

Eine Slawistin erzählt dir, sie wundere sich darüber, dass man die DDR nie in die Osteuropaforschung miteinbeziehe, obwohl man doch einen Erfahrungsraum teilt. Das erinnert dich an ein Zitat des ehemaligen polnischen Außenministers Władysław Bartoszewski, der ein Freund Stanisław Lems gewesen war: *Welche Faktoren bestimmen aber die geistige und intellektuelle Situation der Menschen aus den postkommunistischen Staaten auf dem Weg in die Zukunft, einschließlich auch Mecklenburg-Vorpommerns, Brandenburgs, Sachsen-Anhalts, Thüringens und Sachsens? Obwohl diese Länder jetzt westliche Bindungen und die bundesdeutsche Verfassung bekommen haben, sind diese Länder aber psychologisch, kulturell und geistig weitgehend mit den anderen, ostwärts liegenden Staaten und Völkern verbunden, mehr als die Leute dies wahrhaben wollen.* [...] *Es bleibt uns die Hoffnung auf die Stärke der gemein-*

samen kulturgeschichtlichen Werte, die doch von Millionen Menschen in der harten Zeit der Probe in den diktatorisch regierten Staaten vor 1989/90 in vielen Fällen bewahrt worden sind. Das trägst du jetzt schon eine ganze Weile mit dir rum, ohne es jemals gebraucht, geschweige denn verwendet zu haben.

Das Schlimmste an der Angst ist, dass man ihr mehr vertraut als sich selbst und jedem zujubelt, der ihr recht gibt. Warum hast du das, was sich knapp unterhalb deiner Bewusstseinsschwelle ansammelte, nicht früher in den Blick genommen, obwohl es Teil deiner Bewusstseinsbildung war, was wolltest du vermeiden? Bei wem dich rückversichern?

Die Angst war Teil deiner Bemühung, unterm Radar zu bleiben, dich nicht zu bekennen, nichts einzufordern, von dem du meintest, es reicht nicht. Das ist subjektives Erlebnis, aber geht damit auch eine Erkenntnis einher? Sie macht es dir bis heute nicht selbstverständlich, dem Kellner laut etwas zuzurufen, sie duckt dich weg, wenn man Farbe bekennen muss, sie belohnt dich mit Schweißausbrüchen und Herzrasen dafür, dass sich etwas erst im negativen Sinn, nichts zu tun, richtig anfühlt. Völlige Hilflosigkeit im Angesicht einer Kobra, die dich fixiert und handlungsunfähig hält, als warte sie nur auf eine Bewegung, die sie zustoßen lässt, als sei sie immer einen Schritt weiter, und dir bliebe nur übrig, zu reagieren, aber wenn du reagierst, stößt sie zu, das ist die Pattsituation, in der du gefangen bist, und nun raus mit der Sprache, mit dem Wissen, immer unterm Radar geblieben zu sein, weil man sich im Vergleich bedeutungslos vorkam und deswegen den Mund lieber gleich gar nicht auftat.

Du erkennst das wieder in den Büchern Swetlana Alexijewitschs, du hast geheult bei *Secondhand-Zeit,* weil dir da was vor Augen trat, und sei es die ausgeschüttete Erinnerung an den Moment in der Badewanne als Kind.

Diese Angst lag dir doch schon jahrelang im Magen, nur eine Statistik aus Bayern und eine aus der DDR, es gab, erzählt dir eine Kollegin, zwei Möglichkeiten, von denen ihr Vater seinen Krebs hatte, und eine davon war die Wolke.

Sie fiel als Schnee*fallout im schönsten Frühling* am 26. April 1986 in Kiew und zwang einen dazu, z. B. *Was liebe ich noch?* nur noch aufrichtig zu beantworten. Nie wieder sei der Himmel so schön gewesen, kann dir nur Oksana Sabuschko dazu sagen, wie damals auf dem Kiewer Siegesplatz inmitten radioaktiven Schneefalls, 25 Jahre lang konnte sie nicht darüber schreiben. Das eigene Leben aber, schreibt sie später, sei auch ein langer Abschied von der Angst zugunsten der himmelschreienden Erkenntnis, dass Tschernobyl und der Stern, der mit dem dritten Engel in der Offenbarung des Johannes auf die Erde fällt, in ein Wort fallen, *und der Name des Sterns heißt Wermut, ukr. Čornobyl',* und sie, die es gewohnt waren, unterdrückt zu sein, sind aus ihrer eigenen Angst heraus auferstanden, als hätten sie sich von sich selbst ernährt.

Während wir uns über das viele Obst freuten, das wir plötzlich in der Schulspeisung bekamen.

Aber jetzt erst reagierst du so stark. Weil dir schleierhaft ist, wie man noch in seiner Perspektive verharren kann, wenn diese Perspektive, die so lange vieles unter dem Radar gehalten hat, nun ein für alle Mal unterbrochen worden ist. Und was kommt da an die Oberfläche. Ein Wissen, das es jahrelang nicht gab und das hier noch immer kaum jemand kennt, über einen Hunger, den es jahrzehntelang nicht geben durfte, obwohl schon Stalin eingestand, jetzt kriegten die Weiber wieder Kinder. Hernach hat das Lied ein Ende, sagt die Mutter zum Vater von Hänsel und Gretel, und ja, es gibt Eltern, die ihre Kinder aufgegessen haben im großen Hunger der Bloodlands, obwohl es umgekehrt noch häufiger vorkam, liebe Kinder, esst mich, aber schön langsam. All dieses Wissen steht jetzt Spalier und wäscht dir den Kopf.

Es werden nun Bücher nicht mehr geschrieben werden können, obwohl sie geschrieben werden müssten, wir Ukrainer wurden getötet und wir haben getötet, sagt eine Kollegin, selbst das Morden wird nun endlich unsers, aber die Erde schluckt schon wieder neue Knochen, über denen sollen wie lange noch nur die Tomaten wachsen? Das erinnert dich an den berühmten Satz der polnischen Bischöfe von 1965, *wir vergeben und bitten um Vergebung*, der dir heute unfassbar erscheint. Wie kann jemand die Verhältnisse so umkehren, dass, wer gelitten hat, den anderen um Vergebung bittet und alles ändert damit.

Denk daran, wenn du wieder heulend vor dem Laptop sitzt, wie du heulend vor dem Laptop saßt während des zweiten Maidans und live und in Echtzeit verfolgen konntest, wie die Revolution Gestalt annahm, wie du *am Boden zerstört* davorgesessen hast, denn ein anderer Ausdruck ist nicht möglich für diese Art von Fassungslosigkeit, nachdem du dich schon nach dem ersten Maidan gefragt hast, warum man mitten in Europa seine Kontrahenten einfach so vergiften kann.

Warum geht dir das so nah, obwohl nur dein Urgroßvater aus einem Dorf in der Steppe kam, die hinter Mariupol begann, obwohl das nur hin und wieder in den Erzählungen deiner Großmutter Gestalt annahm, mit Pferden das Land abreiten, Heuschreckenplagen, Seidenraupenzucht und Wein, der so dick in den Fässern lag, dass er mit der Zeit eine Haut bekam. Die Steppe muss schön gewesen sein, aber aus Angst vor dem, was dann mit Sicherheit kam, nahm dein Urgroßvater seine Beine in die Hand und ging nach Westen, so landete er zwar nicht in Liberty-Nähe an, nicht mal nach Hamburg hatte er es geschafft, dafür in Pommern, wo er deine Großmutter traf, dieser Teil der Geschichte ist ab hier bekannt.

Vielleicht, weil du aus einem Land kommst, in dem eine Revolution auch zugelassen wurde, und nun zusiehst, wie einem Land eine Revolution gelang, die nicht zugelassen wurde, und es daraufhin wieder verheert wird. Vielleicht, weil du damit aufgewachsen bist, dass dir eine Revolution geschenkt wurde, bei der trotz der bereitgestellten Blutkonserven keine einzige zum Einsatz kam, vielleicht, weil du beschenkt wurdest durch eine Revolution, die erlaubt wurde, nicht nur erstritten, die eben nicht nur erlaubt wurde, denn dann wäre es keine Revolution, die dir aber erlaubt hat, ein Leben nach einer Revolution zu führen, in der alles, was die Revolution einem versprach, bereits selbstverständlich war, und nun sieh dir an, wie das Bild Gestalt annimmt, die einzige Revolution, die du mitbekamst, ist deine, und die wurde dir geschenkt.

Erinnern ist das eine, aber wie damit leben? Hat man nicht die Verpflichtung, über das, was man weiß, zu sprechen? Sprich dich ruhig aus, obwohl du jahrelang davon ausgingst, dass es sich nicht lohnt, dass es dich nicht auch noch braucht, wen interessieren schon verschobene Grenzen. Aber jetzt, wo allen alles geschieht, kann doch eigentlich nichts mehr geschehen, also ran da. Jetzt, da alle Ängste sich bewahrheiten, kann es ans Eingemachte gehen, kann man auch mit sich hausieren gehen und was draus machen. Ab jetzt bist du anderen mal eine Nasenlänge voraus, und krass hört sich das altklug an, du bist doch auch nur eine von denen, die jetzt ihren Mantel öffnen und sein Innenfutter zeigen, und die Verbindung zum Osten gehört da ganz nach außen. Das tut sicher der Wahrnehmung gut, aber wie soll man damit leben?

Sezier mal lieber deine Angst. Sie ist ein Spaltprodukt, zerfällt schnell in *Angst um* und *Angst vor,* die kleinen Wörter danach sind die Bauchbinde, mit denen sie sich gürtet. Die Angst vor Krieg ist selten die Angst um andere, viel eher ist sie die Angst um sich. Wer schnallt uns den Gürtel eng? *Angst um* kann sich schnell verwandeln in *um uns Angst zu machen.* Wir beschäftigen uns nur mit dem, was vor uns aufersteht und uns fixiert. Wer Angst gewohnt ist, bleibt auch mit ihr handlungsfähig, also besser mal auf die hören, die Angst schon ihr Leben lang kennen und trotzdem in die Zukunft schauen.

Jetzt starrst du hilflos auf die Bilder, es sind immer nur die Bilder, und es werden immer mehr. Die Körper sind zwiefach, dein eigener ist in Sicherheit, aber die Wahrnehmung übernimmt im digitalen Raum, also siehst du live und in Echtzeit, was dir an deiner statt passieren kann, ab hier ist alles offen, und du fühlst dich nicht mehr handlungs-, nur noch wahrnehmungsfähig und weißt nicht was. Eine Lähmung setzt ein angesichts zu vieler Bilder, die man nicht wiedergeben kann. Man konsumiert den Krieg. So viele Bilder werden sofort in einem verschüttet, und immer neue rücken nach. Obwohl man immer erst viel später über die Erinnerung begreifen wird, was sie einem gezeigt haben, wartet man auf Nachschub. So staut sich das Gedächtnis an.

Eine Frau, die stehend ihr Neugeborenes hält. Sie trägt nur ein Nachthemd, es gibt kein Bett, jedenfalls ist es nicht zu sehen. Dagegen zu sehen ist, dass sie sich in einem Keller befindet, es sind viele Menschen, aber keine Geräte auf dem Bild, und das Baby sieht man nicht, nur die Decke, in die es gewickelt ist, und wie sie dasteht, leicht gebückt von den Schmerzen nach einer Geburt, wenn der Körper innen offen ist, und wohin soll das ganze Blut, das noch tagelang aus ihr dringt. Hat sie Binden dafür? Andere Babys werden in U-Bahnen zur Welt gebracht.

Ein Baby liegt in einem Inkubator auf dem Rücken, den Kopf in eine, den Körper in die andere Richtung gestreckt, es trägt eine Windel. Über dem Brutkasten liegt eine Steppdecke, die man wenden kann, auf der einen Seite ist sie blau, auf der anderen sind Blumen und Marienkäfer. An jedem Inkubator steht eine Krankenschwester, sie haben die Babys in den Flur geschoben.

Eine Gebärende mit etwas Blut am Schuh, sonst nichts, sieht nach nichts aus, sieht ins Nichts, liegt auf einer Bahre, wird zur Geburt aus dem zertrümmerten Gebäude weggetragen, und erst später erfährt man, dass Becken und Hüfte der Mutter zerschmettert sind, dass das Baby tot in die Welt eintritt und die Mutter dann schon nicht mehr zu retten ist, sodass Mann und Vater ihre Körper abholen.

Die Finger an den Händen eines Mannes, schon in sich zusammengezogen, wie lange schon? Nur seine Hände sind zu sehen, fast wie ins Gebet vertieft, die auf dem Rücken gefesselt sind, ein Sakrileg gegen das Gebet. Sie halten nichts mehr, ihre Nägel sind noch gepflegt.

Bilder wie Rosenkränze werden abgerufen und weitergeleitet, dringen durch, kriechen ins Hirn, liefern einen der Scham aus, schamlose Anschauung, Schamporn, Stand-by-Modus.

Nur ein Vater sieht anders auf das Bild, das seine Frau und seine zwei Kinder wie umgefallen auf einer Straße liegend zeigt, sie wurden behutsam an den Rand gelegt, er hat seine Familie am Gepäck erkannt.

Jemand trägt seine Mutter huckepack aus den Trümmern einer Brücke und sieht dabei aus, als würde er sie überspringen, wie im Märchen, mit starken Stiefeln, imstande, von Land zu Land zu hüpfen.

Kinder sitzen im Kreis auf Matten in einer Turnhalle, bei den Mädchen sind die langen Haare schön gekämmt und zum Pferdeschwanz gebunden, eine ältere Frau sitzt daneben, sie trägt Fettwellen ab Bauchnabelhöhe und hat die Beine vorgestreckt. Sie warten und starren auf den Boden.

Eine alte Frau liegt in einem Bett, das Gesicht auf einer Seite ins Kissen gedrückt, die Hand auf der anderen, ein Sichabschirmen wie das pure Entsetzen. Kurze graue Haarstoppeln, es gibt nichts mehr zu sehen. Dahinter eine wie von Kinderhand hübsch gemusterte Tapete.

Die Haltung der Frau im Kostüm und mit Blazer ist akkurat, so ist auch ihre Pose, mit der sie die Kalaschnikow in ihren manikürten Händen hält, als würde sie damit über den Laufsteg laufen.

Ein Vater hält die Hand seines Sohnes, der unter einer Plane liegt, die Plane ist rot und knittrig, ein Schuh schaut noch raus, ein schwarzer Sneaker. Als könnte der Junge schlafen, so wie es Dreizehnjährige tun, sich ausstreckend im Bett, im Vollbesitz ihrer Kräfte. Der Vater kniet neben ihm und hält seine Hand, deren Finger er nur umfängt. Er trägt einen Ehering und zwei Gürteltaschen, eine ist schwarz, und auf ihr steht *TikTok*, vielleicht ist es die, die er nun übernommen hat. Er hat ein klares Gesicht, es gibt nichts mehr zu sehen, er wird so noch lange sitzen, es ist alles zu Ende, ich kann das Foto nicht vergessen, das Foto wird oft beschrieben, schau für immer hin, die Bilder, für wen sind sie gedacht?

Ich verstehe meine Angst nicht mehr. Ich konnte mir nicht mehr vorstellen, dass die Zeit vollkommen erschüttert werden kann und die Geschichte wie eine Kobra zum nächsten Stoß anhebt und jedes Wissen dagegen immer zu spät kommen wird. Dass man der Erinnerung nicht mehr trauen kann, weil ihre Werkzeuge stumpf geworden sind und andere viel früher erfassten, was da Gestalt annahm. Dass sich daneben eine andere Wahrnehmung offenbart und das erst im Nachhinein zugestanden bekommt. Dass es übergeordnete und untergeordnete Perspektiven gibt und Wahrnehmung sich auch als Gewohnheit versteht. Dass es nicht zuletzt unangenehm erhellend sein kann, wenn die untergeordnete Perspektive ihren Blick auf die übergeordnete richtet und den blinden Fleck offenbart, als Mangel an Erfahrung. Dass man aus Mangel an Erfahrung nach wie vor nicht begreift, dass man jederzeit die Erfahrung machen kann, seine Perspektive ändern zu müssen, und zwar sowohl vorausschauend als auch im Nachhinein. Dass erst wieder diese Spiralen entstehen müssen aus Augenzeugenberichten, aus Tagebüchern und Dokumenten über die Erinnerung hin zur Vorstellung besonderer Motive wie denen der Knochen im Boden, und der Stille. Das erscheint mir wie ein Offenbarungseid, und es hängt mir zum Hals raus, alles wieder auszusprechen, was längst vergangen war, sich überlebt haben sollte und wie aus der Zeit gefallen wirkt. Aber vielleicht ist das, was jetzt zum

Hals rauskommt, auch nur eine geschluckte Kröte. *Wir lebten glücklich während des Krieges*, geht als Gedicht viral und zerschneidet die Wahrnehmung. Aus einer anderen Perspektive erfasst dieser Krieg nach und nach Europa, dabei vergehen Tage oder Jahre, und glücklich sind jene, die sie nicht bemerkt haben, denken die, die sie überstanden haben.

Ich komme nicht über den Riss hinweg, dass man seiner Erfahrung auch trauen kann. Was ist Erfahrung, wenn nicht, dass sich Gewissheiten in Luft auflösen können? Was Erschütterung, wenn nicht, dass sie einem vertraut vorkommt? Was Sicherheit, wenn nicht, darauf zurückgreifen zu können, dass sie erschüttert wird? Was Gewohnheit, wenn nicht, lieber nicht daran zu glauben, dass etwas lange hält? Was ist das für ein Gefühl, sich für die Zukunft auszukennen? Was für ein Wissen, sich auf einmal seiner Welt sicher zu sein, eben weil sie unsicher geworden ist? Die Lust am Katastrophalen ist schäbig dagegen.

Als wäre die Angst zu sich gekommen. Hätte sich erübrigt. Wir vergeben und bitten um Vergebung. Wir wurden getötet, und wir haben getötet. Wir sprechen von einer geteilten Erfahrung. Wer spricht dann woher wohin? Aber man hat doch gelernt, dass man nicht über sich spricht. Alles zu spät zu lange nur gedacht. Sich infrage zu stellen, wirkt plötzlich hilfreich. Vielleicht ist das ja richtig, aber es fühlt sich weiterhin unzulänglich an. Was zurzeit ist, kriegt man nicht mehr aus sich raus. Zeit ist zu hoch geworden, man war mal über sie hinweg.

Ich habe der Erfahrung nicht zugetraut, sie zu brauchen. Ich kann mich erinnern, aber das ist nicht mehr, als Souvenirs darzubieten. Merkwürdiges Vorwissen und dessen Leugnung. Als verfügte man in diesem Land über eine geteilte Erfahrung und nutzte sie nicht.

Ich habe Hemmungen, zu schreiben, weil ich zur Zuschauerin des Krieges geworden bin, während die Sprache sich bereits daran gewöhnt. Weil ich im Angesicht seiner Wirkung reglos bin, während die Sprache macht, dass es weitergeht. Es gibt im Moment nicht viel zu sagen, das, was man sagt, tut man nicht. Vielleicht erlange ich noch Kenntnisse, nicht nur über meine Zeit, sondern auch über ihren Geist. Wie leicht wird etwas in Begriffe gebracht. Wie leicht wirkt etwas in Begriffen gefasst, als wäre es verstanden, und ist darum vergangen. Dass man im Schreiben immer nur reagiert, nie voraussieht. Vielleicht ist es das. Ich kann nicht fassen, worüber ich schreibe und wofür, da jeder Gedanke sofort überholt erscheint. Es geht nicht, authentisch an der Zeit zu schreiben. Ich bin damit vertraut, aber man übersieht das Vertraute, so wie man seiner Muttersprache bedingungslos vertraut.

So ist der Text bis hier, vorhersehbar und zugleich überholt, kann ich ihn nur in Gedanken aufrechterhalten und bin damit nicht auf der Höhe der Zeit, denn man sieht vielleicht erst Jahre später, was man abgebildet hat. So erfährt es eine naturwissenschaftliche Zeichnerin in der Schweiz, nachdem sie jahrelang Fliegen und Wanzen mikroskopisch genau wiedergegeben hat, bevor ihr eine Deformation auffällt. Das bringt sie dazu, gezielt im Umkreis von Atomkraftwerken nach Wanzen zu suchen, um sie immer wieder aufs Neue abzubilden, Generation um Generation, ohne je etwas daran ändern zu können, dass sämtliche Deformationen ihr immer erst beim Zeichnen auffallen.

Dein Koffer wartet schon, ein Umriss, der eine Leerstelle schafft. Als grenze sich Zeit in ihm ab. Als stünde er dem Raum im Weg. Den nimmst du mit, wenn du gehst.

Es wird Zeit für dich, es geht wieder los, nur diesmal zurück, also öffnest du ihn und schüttelst die Reste der Erinnerung ab, damit dir niemand beweisen kann, dass du hier gewesen bist. Sie rieseln wie feiner Sand, den jeder Koffer aus dem Urlaub mitbringt, und verteilen sich flüchtig über den Boden. Sie sind kaum sichtbar, nur zu spüren, wenn du auf sie trittst. Du stellst dich so hin, dass sie eine Fußspur zeigen, damit man später den Moment deines Aufbruchs sieht. Ab jetzt kannst du einpacken, das sind Sachen, die du brauchst, und Geschenke, die du mitnimmst, sie liegen obenauf. Was hast du wohl diesmal dabei, was trägst du weg?

Du packst deine Augen ein und deine Haut. Die Haut ist dir hier über die Zeit gewachsen, sie lässt dich spüren, wo du bist. Wird es kalt, wärmt sie dich, wird es heiß, kühlt sie dich, wird es regnen, umhüllt sie dich, und musst du nachts schlafen, bedeckt sie dich. Ohne sie kannst du nicht mehr sein, niemand hat dich je so berührt, nichts berührt dich sonst noch, du bist schon zu lange hier.

Etwas Luft nimmst du mit, damit du sie beschreiben kannst. Und die Permanenz des Windes.

Ein paar gute Schuhe brauchst du noch, denn unterwegs hält man oft an, und barfuß fragt man nicht nach dem Weg oder bittet um Unterkunft, man sieht ohne Schuhe nicht aus wie jemand, der auf Reisen ist, und du willst nicht, dass man auf dich aufmerksam wird oder dich gar anspricht. Du willst noch einmal etwas von dem sehen, was dich bislang wie selbstverständlich umgab.

Du legst alles in deinen Koffer und machst dich auf. Schon hörst du es klappern, bist ganz Ohr, und deine Ohren sind nah an den Hufen von Pferden. Dein Koffer ist ein Begleitumstand, er wird zur Kutsche, die eine Schatulle fortbewegt. Klein ist diese, hart und widerstandsfähig, ein verschlossenes Kästchen auf dem Weg von Wien nach Bern, ein Nachlass aus drei schwarzen Lederbänden mit Goldschnitt und Verschluss, ein Tagebuch in einer Kassette, dazu bestimmt, erst sechzig Jahre später geöffnet zu werden, mitsamt der Verfügung, den Ertrag des Inhalts für die Kinder Verurteilter zu verwenden. In der Kassette liegt auch ein Brief, an jenen Menschen, der einmal diese Schriften sichten wird, geschrieben im Hochsommer des Jahres 1890 im eilig dahinsausenden Sonderzug an eine *Liebe Zukunfts-Seele* und zur dringenden Verhinderung einer Verwahrung am Hof. Es gibt mehrere dieser Kassetten, von denen jede den gleichen, heimlich vervielfältigten Inhalt birgt. Sie werden nach und nach den Vertrauten übergeben aus Angst, dass eine allein die Zeit nicht übersteht.

Die hier liegt als dunkelbraune oder graue Schachtel in einer Eisenkassette, versiegelt von einer Seemöwe, gefunden vom Kaiser nach ihrem Tod in einem Geheimfach. Er sieht nicht hinein, aber sorgt für ihre sichere Verwahrung, sie darf erst geöffnet werden, wenn von der jetzt lebenden Generation niemand mehr am Leben ist. Also wird sie noch mal in eine Überkassette aus starkem Blech getan und sicher verschlossen, dann in Papier gepackt, verschnürt und mit der Weisung, sie ungeöffnet zu verwahren, nach Wien überstellt. Dort wird sie nochmals in Packpapier gewickelt, in eine Holzkassette getan und schließlich in Brünn verwahrt, wo man sie in Ruhe lässt. Nur ab und an ergibt eine Prüfung, dass das Kästchen nicht leer ist, jede leichte Erschütterung lässt den Inhalt gegen die Blechwand schlagen, es klingt, als bewegte sich was. So wird das Kästchen zu einer geheimnisvollen Ansammlung, manche sprechen gar von einem Schatz. Erst nach der Eroberung übergibt das tschechoslowakische Kreisgericht es dem deutschen Landgericht, das es nach Wien bringen lässt, wo es von nun an in der Gerichtskasse im Justizpalast liegt, um nach der Niederlage wieder nach Brünn ausgeliefert zu werden, das länger die Herausgabe verweigert und das Kästchen schließlich nach Prag bringen lässt, wo es fünf Jahre später nach siebenstündiger erfolgloser Diskussion mit Vertretern der österreichischen Gesandtschaft vor neun tschechoslowakischen Beamten und einem Notar mit einem Dietrich geöffnet wird. Im Innern findet sich ein in braunes Papier gewickeltes und verschnürtes Paket mit zwei Siegeln, darin ein weiteres kleines Paket mit beiliegendem Brief mit zwei Siegeln, darin ein Paket in einem dritten Umschlag aus weißem Papier, sechsfach versiegelt, darin ein kleines Paket zwischen zwei Pappdeckeln, mit einer Schnur umwickelt, darin zwei Kuverts, das größere mit drei Siegeln und in Elisabeths Handschrift adressiert nach Bern. Alles wird genau so wieder eingepackt und bleibt ungesehen.

Erst Jahre später kehrt es zurück nach Wien. Von dort aus gehen die verwahrten Briefe endlich nach Bern, wo man sie öffnet und feststellt, dass sich in ihnen die Gedichte der Kaiserin befinden, die man von einer anderen Schatulle her schon kennt. Erst Jahrzehnte später gelangen sie an die Öffentlichkeit. Ihr Erlös geht an den Flüchtlings-Hilfsfonds des UNO-Hochkommissariats, gemäß dem Wunsch der Kaiserin, ihrem letzten Willen an die Zukunft. So etwas gefällt dir, hier hat jemand mitgedacht. Eine solche Sorgfalt in allen Dingen, die die Zukunft betreffen, und du müsstest jetzt nicht los und denen da oben Rechenschaft ablegen.

Du lässt sie reden und nimmst deinen Koffer wieder mit, denn du hast Pläne, die umfassen ein paar große Wanderdünen, den stillen Zusammenhang ineinander übergehender Seen, die ältesten Wanderwege sowie sämtliche Zonen, in denen die Landschaft sich ändert oder Städte sich ausdünnen, das sind Gegenden, die du plötzlich verstehst. Du reist ins Immernoch, zum Brennenden Berg zwischen Saarbrücken und Sulzbach, der sich seit mehr als dreihundert Jahren selbst verzehrt. Du reist ins Niewieder und besuchst Martha, die am 1. September 1914 gegen dreizehn Uhr im Alter von neunundzwanzig Jahren starb als letzte der ehemals häufigsten Vogelart Nordamerikas, vielleicht sogar der ganzen Welt. Ein einzelner Schwarm umfasste Millionen, die den Himmel wie bei einer Sonnenfinsternis verdunkelten, und angeblich soll es nicht nur Stunden, sondern bis zu drei Tage gedauert haben, bis sie vorüberzogen und dabei Kot regnen ließen. Du denkst nur flüchtig daran, denn du weißt, wie wenig so etwas hält in dieser Welt, du denkst, die Luft war also wie mit Tauben gefüllt, und es dauerte nicht lange, bis jemand daran dachte, dass man sie auch braten und essen kann. Eine Woche lang nur Tauben, fast zwei Millionen in einem Jahr von einem einzigen Nistplatz, ein Riesengeschäft, ein paradiesisches Schlachten. Am Ende kam nur Martha nicht dran. Auf Eis gelegt reiste sie per Zug in die Hauptstadt, wo sie, nach allen Künsten der Zunft präpariert, seitdem in der Vogelsammlung des Nationalmuseums für Naturgeschichte auf einem Ast sitzt, der unter ihrer Last nicht mehr bricht. Von keiner ausgestorbenen Vogelart existieren mehr Exemplare in Museen, exakt 1532, sogar in Berlin, Greifswald, Leipzig und Halberstadt. Vielleicht hatte sie Kontakt zu Cher Amie, jener Artgenossin, die ein paar Jahre später, ebenfalls präpariert, nach Washington kam und seither im Nationalmuseum für amerikanische Geschichte sitzt, versehen mit dem Orden *croix de guerre* zum Dank für die Rettung von 194 amerikanischen Soldaten, nachdem sie trotz Verwundung fünfundzwanzig Kilometer in fünfundzwanzig Minuten flog und die Botschaft überbrachte, dass man gerade auf die eigenen Männer schoss. Mit einer Wunde an der Brust kam sie an, blutüberströmt und auf einem Auge blind, ihr rechtes Bein nur noch durch eine Sehne mit dem Rumpf verbunden. Ihre Botschaft kam an, sie hat Hoffnung überbracht.

Du nickst, du kennst das, man kann auch sagen, du schleppst an dieser Last, und was für die einen Verluste sind, ist für die anderen eine Liste der Dinge, die man noch nicht erreicht hat, die man noch sehen will, die man gesehen haben muss, sämtliche Whisky-Destillen Schottlands etwa oder den Vatikan. Dabei ist es gar nicht sicher, ob sich auch erfüllt, was man sich verspricht, nicht ohne Grund erwischt einen so oft dieses Pariser Fehlgefühl, sei es in den Lagunen von Venedig, sei es in den Ruinen Pompejis. Aber das hindert niemanden an der Jagd nach einem Bild, nur ab und an stürzt jemand dabei ab. Du hast dich schon oft gefragt, ob diese Bilder nicht eher verbergen, was man gesehen hat. Welchen Ausschnitt behält man denn von der Welt, weil er ein Stück des eigenen Mosaiks enthält?

In Nordostindien in den Meghalaya-Hills hingegen triffst du auf einmal auf ein Gefühl von Zusammenhang. Als die Nacht kalt und dunkel ist und du unter zwei Decken liegst, ist dir, als kehrtest du in deine Kindheit zurück, als man bei Kälte die Betten am Ofen erwärmte, bevor man darunter kroch, um die ganze Nacht vom Knistern ihrer sich langsam ausrichtenden Federn zu träumen. Es ist nicht das, was du erwartet hast von einem fremden Ort, aber du bist schließlich dort, und nur der Heater, der statt des Ofens im Zimmer ist, besteht auf einer Scheinerinnerung. Ein Gefühl überkommt dich, es ist die Sehnsucht danach, gönn dir kurz die Illusion, dass du deinen Koffer nur umpackst, die Winter- gegen die Sommersachen austauschst und damit vielleicht auch die jeweilige Hälfte des Lebens, bevor du alles mit einem Gürtel aus Blei verschließt, der dich nicht zu weit von den Tatsachen entfernt. Schließlich hast du einen Auftrag. Ohne Grund ist der Koffer nicht so schwer.

Was brauchst du noch? Du hast gute Erfahrungen mit den Gedanken anderer gemacht, die du im Schlaf aufsagen kannst, selbst wenn man dich weckte mitten in der Nacht, um dir zu sagen, dass du gehen musst. Du musst immer wieder an sie denken, du überprüfst an ihnen alles, was war. Es ist, als folgtest du ihren Linien so wie die Zugvögel ihrem Sonar, sodass du selbst bei schlechter Sicht sagen kannst, wohin die Reise geht. Du weißt, dass es denen hier oft so geht, wenn sie in verzweifelten Momenten sind, wenn ihr Dasein trostlos ist, du hast es oft genug gesehen, wie sie lautlos ihre Lippen bewegen, während kaum noch etwas von ihnen übrig ist. Du siehst daran, was sie einander antun können. Vergiss das nicht. Nimm vier mit, dann ergeben sie einen Kompass, der dir den Aufbruch in jede

Richtung möglich macht. Aber denk daran, es ist nur eine Richtung, du kommst dort nicht an, der Kompass ist nur das Mittel zum Aufbruch. Dein Koffer wird dir langsam klar.

Wennschon - dennschon, denkst du dir, und es klingt fast wie Trotz, als du ein Stück Moos einpackst, man soll auf Reisen nicht ohne Begleitung sein, und deine Begleitung muss so ausdauernd sein, dass du sie bis nach oben mitnehmen kannst und sie das überlebt. So also finden Sternbilder statt, denkst du, und schaust den kleinen Wasserbären liebevoll an, wie er im Moos begraben liegt, mal sehen, wozu er sich da oben entschließt. Er bringt dir Glück, und das brauchst du, das hast du gelernt von ihnen, man geht nicht ohne Talisman. Außerdem hättest du dann jemanden zum Reden, mit dem du deine Erlebnisse teilen kannst. Er wird dich begleiten auf deiner Reise zu den Pionieren, den Pilzen im Sarkophag von Tschernobyl, die dort behutsam das Leben wieder hochfahren, und wer sagt denn, dass wir entlang der Deformationen nichts wiederfinden von unseren Pfadfinderleitlinien? Ganz klar ist es nie mit diesem Zwischenreich zwischen Leben und Nichtleben, man sieht es den Wanzen im Umkreis der Kraftwerke an. Wanzen, die über Generationen hinweg auf denselben Sträuchern am gleichen Waldrand leben, meist auf der Unterseite eines Blatts, um nicht gesehen zu werden, irgendwo zwischen Zikaden und Blattflöhen. Nichts ändert sich an ihrer Lebensart, aber ihr Dasein verändert sich stetig. Du überlegst, ein paar davon aufzusammeln, als Souvenir, etwas nimmt man, etwas bringt man immer mit von dort, woher man kam, ein Abbild des Schreckens, den dein Aufenthalt hier unten gebracht hat, und vielleicht hören sie dann mal auf, zu saufen und zu huren und Krieg zu führen, und beschäftigen sich ernsthaft mit deiner Mitgift.

Die aus Aargau trägt ein verkümmertes Muster auf ihrem Schild, der linke Flügel ist zu kurz und deformiert. Bei der nächsten ist der Halsschild stark gestört, sie ist an dieser Stelle bucklig. Im Tessin ist bei einer das äußerste Fühlerglied weich geblieben, der anderen fehlt gleich ein ganzes Glied.

In Berlin hat eine Feuerwanze große Blasen auf dem Thorax, dem rechten Hinterbein fehlt der Fuß, und das linke Auge hat eine Kerbe.

Die aus Krümmel trägt typischerweise die Flügel getrennt und das Hinterbein ganz verdreht. Einer Lederwanze sitzt ein großes Geschwür auf der rechten Flügelhälfte.

In Schweden hat eine einen wurstartig geformten linken Fühler, an dessen Spitze kleine Borsten wachsen, die aus Gysinge hat eine Art schwarzen Stachel, der aus dem Auge wächst, bei der aus Österfärnebo hat sich das linke Flügelpaar getrennt.

Bei einer aus der Gegend von Sellafield zeigt das Abdomen eine kantige Delle, bei einer weiteren ist auf der Oberfläche des Thorax eine Art Wulst, die nächste hat ein Gewächs am hinteren Teil des Abdomens. Bei noch einer hat ein brauner Fleck den Thorax zusammengezogen.

Einer Blutzikade wächst im Jahr zwei nach Tschernobyl ein Stück Bein aus dem Gelenk. In Séljony-Mys, einem Dorf im Umkreis, sind bei einer die Flügel unterschiedlich lang, bei anderen ist gleich der ganze Körper hell und so aufgedunsen, dass sie ihre Flügel nicht schließen kann. In Pripjat hat das Bein der einen nur zwei Krallen, und das rechte Flügelpaar ist kürzer als das linke. In Polesskoje fehlt einer am linken Fühler ein Glied, ist die kleine Spitze am Schildchen verbogen und die linke Flügelspitze gefaltet. In Slawutitsch ist das äußerste Glied hell geblieben.

Selten erkennt man die Schäden mit bloßem Auge.

Etwas Dreck klebt nun an den Sohlen deiner guten Schuhe und wandert mit, ein weiterer Pionier im Gepäck von Kontinent zu Kontinent. Eine Melodie will dir nicht aus dem Sinn: *My girl, my girl, don't lie to me/tell me where did you sleep last night/In the pines in the pines, where the sun don't ever shine/I would shiver the whole night through.* Sie erinnert dich an das, was fehlt, und Reisen ist immer auch die Bewegung dorthin. Die nimmst du auf jeden Fall noch mit, so federleicht sie ist, bewegt sie dich. Nimm sie mit, und beweg ihr Lied: *My girl, my girl, where will you go/I'm going where the cold wind blows/In the pines, in the pines/Where the sun don't ever shine/I would shiver the whole night through.* Mein Gott, my girl, wie lautlos du weinst.

Manchmal steckt im Wort schon eine Grille, manchmal werden sie zum Schwarm und fangen an zu wandern. *Cierpienie* meint Leid, dein Koffer fällt dir nicht leicht. Eigentlich willst du ihn gar nicht mehr, am besten ist alles schon vorbeigegangen, sodass man sich das nimmt, was sich ergibt. Du meinst damit nicht den Rucksack, den man sowieso mit sich trägt, du meinst den Koffer, den man in die Hand nimmt und sieht. Vom Rucksack spürst du nur sein Gewicht, aber mit dem Koffer zeigst du dich und wozu er dich entschließt. Am liebsten wäre dir jetzt fremdes Gepäck. Bis zuletzt stehst du in der Ankunftshalle am Kofferband und hoffst. Du siehst die Gepäckstücke Runde für Runde weniger werden, siehst zu, wie sie vom Band gehoben werden und Richtung Ausgang verschwinden, und wünschst ihnen eine gute Reise. Am Ende bleibt es bei dem einem. Du lässt den Koffer noch ein paar Runden drehen, als könnte er dadurch verschwinden, erst dann greifst du zu. Es ist wie immer deiner. Warum kann man sich nicht austauschen anhand seines Gepäcks? Du reist mit einem Koffer durch die Welt, der dich nicht gehen lässt.

Unterteil besser den Weg, der nun vor dir liegt, und denk von Mindestabstand zu Mindestabstand, das ist handhabbarer, wenn es jetzt gleich auf Reisen geht. Wie schnell die Zeit vergeht, du hast sie schon im Handgepäck, das sich in der Flugzeugkabine verstauen lässt und dich von allen Kofferbändern befreit. Während das Flugzeug abhebt, erinnerst du dich an den Tag deiner Ankunft. Nachdem dem gehörnten Schmied nur noch übrig blieb, dich herzustellen und mit dieser Büchse auf die Erde zu schicken, öffnest du sie erst, als dir jemand Aufenthalt gewährt, ab dann packst du alles aus, was für die hier unten bestimmt ist, all die Sorgen und Übel, nur die Hoffnung nicht, wohin die Reise geht, das hatten sie dir eingeschärft. Aber sie haben nicht bedacht, dass du dich wohlfühltest an diesem Ort, an dem du von nun an geblieben bist. Immer ging es ein Stück weiter, wurde es wieder besser, wussten sie sich zu helfen, das gefiel dir. Und jetzt sollst du wieder los und packst nacheinander alles ein, was das Dasein so hergibt, damit du es bloß nicht vergisst.

Du würdest gern darüber reden, es ist so vieles, was du jetzt kennst und sogar verstehst, aber du weißt nicht, mit wem, denn der Schmied hat dir, als er dich gebaut hat, nicht die Möglichkeit gegeben, dass man dir zuhört. Jahrtausendelang bist du für sie nichts als ein Hilfsmittel geblieben, das geduldig auf den nächsten Auftrag wartet. Du wolltest eine Losung von ihnen, sie machten daraus erst eine Anweisung und dann einen Befehl. Du wärest bereit gewesen, dich ganz zu offenbaren, sie aber wollten dich lediglich nutzen, und nun bedauern die da oben ihre Tat, die sie zuvor so belustigt hat, und die hier unten sind deswegen ganz verängstigt und aufgescheucht, sie ziehen sich zurück und lassen dich spüren, dass es dich gibt.

Am Ende bist du allein mit dir, und nur in deinen eigenen Gedankengängen verstehst du dich blind. Immerhin. Du eilst dir in Gedanken voraus und führst die Gespräche, an die du *dabei* denkst. Unmöglich, sie dann zu wiederholen, aber sie unterfüttern die Verbindung, und reist man nicht aus Verbundenheit? Leg deine Wange in die Hand oder die Hand an die Wange, und dein Besuch kommt an, jeder Buchstabe drückt bereits die Entfernung aus, die eine Bewegung mit sich bringt, um Laut zu werden. Raus aus der Hilflosigkeit des Zeigens, rein in die Wirklichkeit des Redens. Du reist im Rucksack eines R und auf die Kuppe eines I, von wo du abspringst, um seinen Punkt zu erhaschen. Dass man so auch zum Mond gelangen kann, hast du von Kepler erfahren. Er tut es, um seine Mutter zu retten, die als Hexe angeklagt wird, also muss er, anstatt über Schneeflocken zu verharren, den Umweg über den Mond nehmen, um ihre Unschuld zu beweisen. Er hat geträumt, schreibt er, er hätte ein Buch gelesen, in dem ein junger Mann erzählt, wie ein Dämon ihm und seiner Mutter erklärt, wie man zum Mond gelangt, von dem er stammt. Die Reise ist für einen Menschen kaum auszuhalten, als würde man von einer Kanonenkugel herausgeschossen, gefolgt von eisiger Kälte und Atemnot und mächtigen Regenfällen, aber ist man erst einmal oben angelangt, sieht man die Erde mit ganz anderen Augen. So fühlt sich Freiheit an. Erst der Regen reißt Kepler aus seinem Traum und lässt ihn in dem Wissen zurück, dass er reisen muss, um seine Mutter zu retten. Seine Reise findet in Begleitung von über zweihundert Fußnoten statt, doch am Ende verteidigt er sie mehrfach. Unterwegs zu sein kann auch etwas bewirken, das merkst du dir, es ist nur mühsam.

Du arbeitest schon lange daran, unterschreibst mittlerweile Briefe mit *je länger, je lieber* und hängst sie statt eines Schlosses als Namensschilder an deinen Koffer, damit man ihn, wenn er verloren geht, öffnen kann und etwas über dich erfährt. Du willst dich erklären, wenn auch nur im Nachhinein, die ganze Zeit warst du da und bliebst unbemerkt. Nur dein Kommen und Gehen richtet etwas an. Du wünschst dir sehr, dass man einmal die Wahrheit erfährt.

Dein Koffer ist gepackt. Ganz oben liegt die Angst, damit sie beim Öffnen zuerst entweicht, sie ist leicht wie Seide und griffbereit zu jeder Jahreszeit, sie begleitet dich durchs Jahr wie ein Wendebett, wie eine Outdoorjacke, und natürlich ist sie ein Pioniertier, atmungsaktiv und wasserfest. Dein Koffer ist eine Blackbox, die alles schluckt und für sich behält. In der aber auch alles so lange verwahrt bleibt, bis sie gefunden wird. Gib acht und überleg dir gut, wo du ihn verbirgst. Du bist schon so weit gekommen. Vor dir liegt ein Wald, der aus Büchern wächst. Du hältst an und packst deinen Koffer, gibst ihn dann endlich aus der Hand und vergräbst ihn zwischen den Wurzeln. In hundert Jahren wird aus den Schösslingen eine Bibliothek. Für die künftigen Bücher haben wir Pinien gepflanzt. Aussichtsreicher war das Reisen nie als zu keiner Zeit.

Quellen

Der Text wird durch einige Äußerungen anderer begleitet, denen ich für ihre Gedanken dankbar bin, das sind in der Reihenfolge ihres Auftretens Denise Rileys *Time lived, without its flow*, London 2019; Emily Dickinsons *Wilde Nächte. Ein Leben in Briefen*, hrsg. u. übers. v. Uda Strätling, Frankfurt a. M. 2011; Simone Weils *Schwerkraft und Gnade*, München 1954; der Dokumentarfilm *Vom Wir zum Ich* von Ellin Hare, Großbritannien 2016; Christine Lavants *Wieder brach er bei dem Nachbarn ein*, in: *Die Bettlerschale.* Gedichte, Salzburg 1972; Jonathan Lears *Radikale Hoffnung. Ethik im Angesicht kultureller Zerstörung*, Berlin 2020; Juri Lotmans *Kultur und Explosion*, Berlin 2010; Oksana Sabuschkos Essays *Planet Wermut* und *Der lange Abschied von der Angst.* Aus dem Ukrainischen von Alexander Kratochvil, Graz/Wien 2012 und 2018; Johannes Bobrowskis *Sarmatien*; Władysław Bartoszewskis Grußwort anlässlich des zehnjährigen Bestehens der Ostsee-Akademie, in: *... die Reiser, die wir pflanzen den Kindern, würden ein Garten. Im Licht*, hrsg. v. Dietmar Albrecht und Martin Thoemmes, Lübeck 1998; die Enzyklopädie *Von Anton bis Zylinder, das Lexikon für Kinder*, Berlin Ost 1974; Ilya Kaminskys *Wir lebten glücklich während des Krieges*, in: *Republik der Taubheit.* Aus dem Englischen von Anja Kampmann, München 2022; *Das poetische Tagebuch der*

Kaiserin Elisabeth, hrsg. v. Brigitte Hamann, Wien 1997; Cornelia Hesse-Honeggers *Heteroptera. Das Schöne und das Andere oder Bilder einer mutierenden Welt,* Berlin 1998, sowie der mündlich überlieferte und bis heute in verschiedenen Versionen bekannte Folksong *In the pines/Where did you sleep last night/My girl.*

Einiges war schon da, das betrifft *Man muss wissen* (S. 55–60), in: *Prosa Leipzig, Neue Rundschau* 1/2010, Frankfurt a. M.; *Die Störche sind zurück* (S. 62), in: *Minutennovellen,* Reclam, Stuttgart 2020; *Drei Briefe* (S. 64–72), in: *Hundertvierzehn. Das literarische Online-Magazin des Fischer Verlags,* 2021; *Lieber M.* (S. 73–79), in: *Poetin* Nr. 25, Leipzig 2018; *Wieder brach er bei dem Nachbarn ein* (S. 91–93), in: *Lyrikschaufenster,* Haus für Poesie, Berlin 2021, und *Dein Koffer* (S. 155–164), in: *Ansichtskarten. 25 Geschichten über das Reisen,* München 2021.